어느날 문득 에세이집

들풀이 아름답게 보이던 그날

이임마누엘

들풀이 아름답게 보이던 그 날

지은이	이임마누엘
초판	2020년 5월 01일
펴낸이	배용하
등록	제364-2008-000013호
펴낸곳	도서출판 대장간
	www.daejanggan.org
등록한곳	충남 논산시 매죽헌로 1176번길 8-54, 101호
대표전화	전화 041-742-1424 전송 0303-0959-1424
분류	기독교 | 수필 공동체
ISBN	978-89-7071-520-9 03230
CIP제어번호	CIP2020016672

이 책은 저작권법에 의해 보호를 받는 출판물입니다.
기록된 형태의 허락 없이는 무단 전재와 복제를 금합니다.

값 10,000 원

목 차

추천의 글 ·· 7
행복한 하루 ··· 11
평화를 이루는 사람 ·· 13
교장 선생님의 손톱 ·· 16
이런 경험 처음이예요. ···································· 18
교회는 가족입니다 ··· 21
교회를 세우신 하나님 ····································· 26
구별되게 산다는 것 ·· 28
부활의 주님을 이야기 하면서 왜? ···················· 31
비밀, 단순한 생각 ·· 35
"아담"이 나에게 준 선물 ································· 38
오직 예수님만으로 족합니다. ·························· 41
우리의 눈길과 마음이 머무는 곳에 ·················· 44
침신 뒷동산에 모여서 부르는 노래 ·················· 47
공동체 예배에 임재하신 하나님을 사모합니다 ··· 49
주가 찾는 예배자 한 사람 ······························· 52
삶의 예배 가운데 임재하신 하나님 ·················· 57
예수 그리스도가 높이 들리리라. ····················· 60
승리하신 성령님 ·· 63
써클은 공동체의 소통이다. ····························· 66

들풀이 아름답게 보이던 그 날 ······················· 69

잠깐 스톱! ·· 72

하나님이 나에게 주신 선물 ································ 75

아하~ 이것도 목회의 한 모습이구나! ················ 78

기분 좋은 날 ·· 81

성탄절을 보내며…. ·· 83

사랑을 배웠습니다. ·· 86

음.. 멋지당 ·· 91

3개월째 고비를 뛰어넘어.. ································· 94

화장을 지우다 문득…. ······································· 98

공동체를 향한 사랑 표현법 ······························ 103

나에게 하나님은… ·· 107

강렬한 태양 빛 앞에 티끌 ································ 111

흘러가는 물처럼 ··· 114

첫 예배 ·· 118

공동체 = 가족 ·· 122

거저 되어지는 일은 없습니다. ························· 125

한 달이 일 년같은… ··· 129

그가 정하신 질서 안에서…. ····························· 134

그것은 기본이잖아 ·· 138

창립예배 때 있었던 일 ···································· 141

하나님을 믿는 다는 것은 ································· 145

부활의 의미와 온전한 회복 ······························ 148

교회는 ·· 151

하나님과 교회의 관계 ······································ 154

추천의 글

이준행 목사 / 대공원교회

신앙이란 삶의 변화이며, 가치관의 변화입니다. 저자는 많은 좌절과 고통, 치유와 회복의 기쁨을 경험하는 과정에서 공동체의 회복에 관심을 가지고 사역을 발전시켜 왔습니다.

신앙의 변질로 인하여 본질의 무게를 가볍게 하고 살아가는 그리스도인에게 질문합니다. "신앙인은 어떻게 살아야 하는가?" 신앙이란 습관적인 종교생활이 아니라 살아 계신 예수 그리스도를 만나는 것이며, 인생의 주도권을 가지신 주님이 통치하시는 하나님의 나라를 살아가는 삶입니다. 저자는 자신이 경험했던 순간순간들의 고백을 통해 생명이 없는 종교인들에게 생명이 있는 신앙을 제시하여 신약교회 공동체로서의 회복에 주안점을 둡니다.

교회는 친밀한 사랑의 관계성으로 한 몸을 이룬 하나님의 가족 공동체입니다. 저자는 역동적이었던 사도행전 교회와 동떨어진 모습으로 살아가는 현대 교회에서 사랑하는 관계로 이루어 가는 하나님의 가족 공동체를 하나하나 찾아갑니다. 사랑의 관계로 한 몸을 이루는 지체들과 함께 가정, 교회, 삶의 모든 영역에서 하나로 이루어져 가는 그리스도의 몸을 경험하는 것을 목적으로 삼고 있습니다.

이 책에 담긴 글들은 사망의 음침한 골짜기에서 회복된 경험과 세종 쉐마교회의 개척 경험을 통해서 초대교회 공동체가 살아왔던 생명의 가치가 회복하기를 간절히 소망하는 기도요, 간증입니다. 믿는 사람들이 다 함께 있어 모든 물건을 서로 통용하며, 각 사람의 필요에 따라 나누어주며, 모이기를 힘쓰며,

구원받는 사람을 더하게 하시는 교회 공동체에 대한 신학적 성찰을 삶의 지평에서 드러낸 목양의 안내서입니다. 무엇보다도 혼자 경험할 수 없는 하나님 나라의 위대함을 교회 공동체를 통해 경험하길 소망합니다.

행복한 하루

우리는 보다 행복한 미래를 꿈꾸며 산다.
오늘보다는 내일을 더 기대하며
계획을 세우고 오늘의 만족을 접으며 참고
오늘의 고통을 이겨내려고 노력한다.

문득 이런 우리의 행동들은 아주 소중한 것을
놓치는 것이 아닐까라는 생각을 해본다.
바로 오늘의 행복이다.

요즘 가장 많이 듣는 인사말이
"더워 죽겠네" "더워 못살겠어"라는 말이다.
무심코 내뱉은 이 말들이

죽음과 사투를 다투고 있는 자매를 만나고 온 날부터
나의 마음을 불편하게 한다.

미가서 6장 8절 말씀.
주께서 우리에게 구하시는 것은
공의를 실천하며 인자를 사랑하며
겸손히 하나님과 함께 행하는 것
내가 오늘 하루 진실하고 겸손하게
내 옆에 있는 이들과 사랑을 나누며
기쁘고 행복하게 살아갈 때
나의 미래도 기쁘고 행복할 것이다.

내리쬐는 햇빛을 온 몸으로 받아내며
오늘 하루 우리에게 주어진 모든 것에 감사하며
기쁘고 행복하게 하루를 보냅시다.. ^^

평화를 이루는 사람

내 주위에는 나를 천사라고 부르는 사람들이 있습니다. 휠체어를 탄 장애인과 같이 사는 모습만 보기 때문에 그렇게 부를 수 있을 것입니다. 그러나 나의 남편은 절대 천사가 아니라고 반박합니다. 왜냐하면 일단 등에 날개가 없고 너무 뚱뚱하기 때문입니다. 비록 엉뚱한 이유를 들이댔지만, 남편의 말대로 내가 천사가 아닌 것은 확실합니다.

나는 나름대로 한성질하고 고집도 센 편입니다. 내가 사람들과 잘 어울려 사는 것 같이 보이지만 그렇지 못한 부분도 많습니다. 그런데 왜 사람들은 나보고 천사라고 할까요? 그것은 내 삶을 사회적 약자인 한 사람에게 올인하는 쉽지 않은 선택을 하며 살고 있기 때문일 것입니다. 그러나 내가 있었기에 그 한 사람이 살 수 있었듯이, 그 한 사람이 있었기에 내가 살 수 있었고, 지금 이 자리에까지 올 수 있었습니다.

내 삶의 여정 속에서 가장 힘들고 나의 모든 것이 무너졌을 때 내 눈에 사회적 약자들이 보이기 시작했습니다. 그들의 삶을 보면서 사람을 살리는 일에는 사회복지적 차원으로 물질적인 도움도 필요하지만, 그들의 마음 속에 있는 상처의 치유까지 이루어져야 한다는 생각을 하게 되었고 나 자신이 실질적인 도움을 줄 수 있는 전문가가 되기 위해 40살이란 늦은 나이에 대학에 입학을 하였습니다.

9년이란 시간 동안 상담심리학과를 전공하고 사회복지사 자격증을 따고 신학대학원을 졸업하여 목회자가 되었습니다. 그 과정에서 내가 만난 것은 회복적 정의에 대해 이야기하는 한국평화교육훈련원입니다. 그리고 지금은 "회복적정의 전문가"의 자격을 갖추었습니다. 이제 갈등이 있는 공동체를 향해, 또 피해와 가해가 공존하는 곳을 향해 나아갈 수 있는 전문가가 된 것입니다.

평화를 갈망하고 평화를 이루고자 애쓰는 사람들. 어떠한 잘못을 지적하기 보다는 무슨 일이 있었는지에 관심을 가지고 피해를 입은 사람을 도와 회복할 수 있는 기회를 만들어 주기 위해 애쓰는 사람들, 또한 가해를 행한 사람이 자신의 행동에 의해 타인이 어떤 피해를 당했는지 인지하고 자발적으로 그 피해를 보상하므로 회복할 수 있는 기회를 만들어 주는 사람들, 그리하여 평화를 이루어 가는 사람들.

이 사람들 중 한 부분을 내가 자리하고 있다는 사실이 참 기쁘고 뿌듯합니다. 또 한편으로는 어깨가 무겁기도 합니다. 갈등, 피해와 가해, 이 쉽지 않은 단어 사이에서 조정자로서 그들의 마음을 어루만지며, 공평하게 그들이 서로 자신들의 이야기를 다 할 수 있게 하여 자신이 겪은 피해를 회복하고, 또 피해와 가해가 서로 소통하며 화해하므로 그들이 속해 있는 공동체에서 평화롭게 삶이 이어지도록 돕는 일…. 즉 나는 천사가 아니라 평화를 이루는 사람입니다.

평화를 이루는 사람은 복이 있다. 하나님이 그들을 자기의 자녀라고 부르실 것이다.

마태복음 5:9

교장 선생님의 손톱

정년을 한 달 앞 둔 교장 선생님
뭉뚝한 손톱마다 빨강, 파랑, 금빛, 은빛…
엥?? 할아버지 말년에 이게 웬 주책?

양손을 들어 반짝반짝 하시며
"이쁘지?" 하고 하하하 웃음을 날린다.
동아리 모임 시간에 네일아트반
아이들이 칠해줬다고 자랑을 하며.

어디로 튈지 모르는 중학생 아이들과
조금더 가깝게 지내고 싶어
많은 노력을 아끼지 않으시는 교장선생님

어린아이 같은 그 모습이 너무나 멋져부러

학생들이 사라져가는 현대의 교회에서
알량한 권위 내세우는 어른이 되기보다
내 몸 망가뜨리며 아이들에게 다가가
그들의 세계를 이해하고
같이 더불어 살아가는 모습을
몸소 보여줄 수 있다면
꼰대라고 외면했던 아이들이
우리들을 봐 주지 않을까

교장 선생님과 같은 분이 계시기에
학교가 회복되고 교회가 회복되고
가정이 회복되고 사회가 회복되어
우리 모두의 입가에 미소가 가득담긴다.

이런 경험 처음이예요.

풍경이 아름다운 시골 작은 마을 학교에 두 아이가 서로 다투었습니다. 그런데 한 아이가 좀 심하게 다치면서 급기야 그 다툼은 부모님들의 갈등으로 이어져 있었습니다. 이 갈등 때문에 그 학급을 이끌어 가시는 선생님이 매우 어려움을 겪고 계셨고, 또 작은 마을이다 보니 학교를 벗어나 동네에까지 갈등은 이어져 있었습니다.

먼저 아이들과 둥그렇게 둘러앉아 "무슨 일이 있었는지?"에 대해 자신의 입장에서 충분히 이야기를 나눈 후 선생님과 상의하여 부모님들을 초대하기로 결정을 하였습니다. 그리고 그 날을 위해 국자, 양푼, 거품기 등 생필품들을 잔뜩 준비하여 가운데 수북히 쌓아놓고 부모님들과 아이들이 사이사이 섞여 둥그렇게 앉아 써클을 진행하게 되었습니다.

처음에는 서로 어색하게 앉아 있는 부모님들을 향해 "이렇게 둥그렇게 앉아 있는 것은 이 곳에 모인 사람들이 모두다 평등한 존재인 것을 인식해야 하는 것이고 또 한 사람씩 돌아가면서 진행자가 제시한 주제에 대해 토킹스틱을 손에 든 사람만 이야기를 할 수 있으며 다른 분들은 자리를 유지하고 경청해야 하며 비밀을 보장해야 하는 규칙이 있다."라고 써클에 대해 설명해 주었습니다.

어느 정도 시간이 지나 긴장 상태가 풀어지고 서로 웃으며 이야기를 할때 쯤 한 사람을 선정하여 이곳에서 제일 맘에 드는 물건을 고르라고 지시했습니다. 아이는 신이 나서 물건을 골라 자리로 돌아왔을 때 그럼 그 물건을 이곳에서 제일 사랑하는 사람에게 선물로 주며 꼭 안아 주면서 "사랑합니다"라고 말하라고 하였습니다. 이에 당황한 아이는 자신의 엄마에게 물건을 전달하며 사랑하다고 하면서 꼭 안아주었습니다.

이제 선물을 받은 사람이 다음 차례가 되었고, 이런 식으로 계속 진행을 하니 처음에는 재미있다고 웃던 분위기가 어느 사이에 서로 안아주며 눈물을 흘리고 경직되었던 갈등들이 풀리기 시작했습니다. 부모님들은 내 아이뿐만 아니라 그곳에 있는 모든 아이들을 돌아가면서 안아주며 앞으로 동네에서도 우리 잘 지내자는 말들을 하게 되었습니다.

부모님들은 선생님께 그동안 걱정을 끼쳐서 죄송하다고 하면서 앞으로 다른 아이들에게도 관심을 가지겠다고 고백했고, 선생님 또한 자신이 사랑을 잘 표현하지 못했고, 또 부모님들의 마음을 잘 헤아리지 못했다고 고백하며 눈물을 흘리며 서로 안아주면서 훈훈한 시간을 보냈습니다.

이제 손에 선물 하나씩을 들고서 헤어질 때 그 자리를 가장 어색해 하셨던 아버님께서 "선생님 저 이런 경험 처음이예요. 앞으로 이런 시간을 많이 가져서 우리가 서로 소통하며 잘 지낼 수 있었으면 좋겠어요"라고 이야기 했습니다. 선생님 또한 활짝 웃으며 그러겠다고 대답합니다. 참으로 써클을 통해 공동체가 회복이 되는 아름다운 모습이었습니다.

교회는 가족입니다

교회는 가족 공동체라고 합니다.

그러나 … 저는 아무리 생각해도 교회가 가족이라는 말은 어색하기만 합니다. 웃는 얼굴과 미소 띤 입에서 나오는 것은 엄청난 사랑이지만, 뒤편에 감춰진 행동들은 정죄하고 마음에 상처를 남기면서도 너무나 당당한 모습이기에 교회가 가족공동체라는 말을 무색하게 만들어 버리고 씁쓸한 미소를 짓게 합니다. 그래서 생각해봤습니다. 저의 기억 속에 있는 나의 가족들의 모습을 ….

아버지는 욕심이 없는 분이셨습니다. 다른이의 부탁을 거절 못해 다 들어주고, 친척들의 허드렛 일들은 다 해주고 다니면서 가난에서 벗어나지 못하고 조금은 무능하지만 부끄럽지 않은 가장이셨습니다.

엄마는 그야말로 여장부셨습니다. 욕심없는 남편으로 인해 많은 고생을 하셨지만, 끝까지 자신의 가족들을 지키셨고, 처음으로 복음을 받아들이고 온 가족을 구원의 길로 인도하신 분, 거짓말을 최고로 싫어하신 정의의 아줌마였습니다.

큰 오빠는 23살이란 젊은 나이에 부모님이 평생을 사실 수 있는 연금을 남겨주고 하늘나라로 떠나셨습니다. 어린 저의 기억속에는 오빠가 나를 업고, 또 무등도 태워주면서 유난히 막내인 저를 예뻐했다는 추억이 남아있습니다.

둘째 오빠는 아버지를 닮아 무조건적인 이해와 사랑을 베푸는 사람입니다. 이래도 좋고 저래도 좋고 마냥 해피합니다. 제가 잘못하면 "몰라서 그랬지?" 하면서 다독거려주고, 제가 무언가를 못해 쩔쩔매고 있으면 "이리와 내가 도와줄게" 하면서 같이 해줍니다.

세째 오빠는 조금 성질이 있습니다. 위로 두 형님이 있으나 한 분은 일찍 하늘나라에 가시고 또 한 분은 큰 병치레를 하는 바람에 어린 나이로 집안의 가장 노릇을 하느라 그럴 수밖에 없었다는 생각이 듭니다. 그런데 제가 똑같은 잘못을 반복적으로 여러번 했을 때 이를 악물고 저의 뒤치닥거리를 해주면서 용서하고 또 용서하는 모습을 보여주었습니다.

넷째 오빠는 자신이 먼저 경험한 하나님을 삶으로 예배하는 모습 속에서 하나님을 믿는다는 것이 무엇인지와 하나님을 믿는 자녀가 어떻게 살아야 하는지 삶의 모습으로 저의 모델이 되었고, 저를 종교인에서 그리스도인으로 만든 장본인입니다.

언니는 제가 가장 힘들 때 하나님께서 동역자로 붙여주셨습니다. 옆에서 저를 도와주고 제가 어떤 결정을 내리든 믿어주고 응원해주었습니다. 요즘 언니에게서는 나에게 태클거는 사람들과의 관계성을 잘 풀어가는 모습을 배우고 있습니다.

저는 막내로서 철도 없고, 많은 실수들을 하면서 가족들에게서 인생을 보고 배웠습니다.

아버지를 통해서는 욕심을 내지 않아도 만족하며 선하게 사는 방법을, 엄마에게는 거짓말을 하지 않고 끝까지 자신에게 맡겨진 사람을 책임지는 모습을, 오빠들에게는 희생적인 사랑, 무조건적인 사랑, 끝없이 용서하는 사랑의 모습으로 삶으로 드리는 예배를 ….

아직까지는 모나고 어설픈 내 모습이지만, 우리 가족들이 나를 사랑하고 용서하고 배려하고 아껴주었던 그 모습들을 본받으려 노력하면서 나 또한 예배하는 삶을 살면서 그 누군가에게 나의 한 모습이 교훈이 되기를 기대 해봅니다.

교회도 마찬가지라고 생각합니다.
교회안에는 저희 부모님과 오빠들처럼 인생을 오래 사신 분, 하나님의 말씀을 더 잘 아는 분, 하나님을 먼저 경험하신 분도 많지만 저처럼 어리숙하고, 철 없고, 고집 세고, 자기만 알고, 실수도 많이 하고, 또 아직 하나님을 알지 못하는 분들도 많습니다. 그래서 하나님은 우리에게 가족 공동체라는 교회를 선물하셨나 봅니다. 서로 각기 다른 모습들로 어우려져 있으면서 서로의 실수를 배려하고, 도와주며 도움 받으며, 상처를 주고받으면서 서로를 용납하고 서로를 용서하며 서로를 사랑하는 방법을 배워가라고 …. 서로의 모습들 속에서 배우면서 하나님을 알아가라고 말입니다.

교회를 세우신 하나님

이 땅 위에 우리를 멋진 교회로 세워주신 하나님을 찬양하며

꽃들의 축제가 시작 되었다네.

매화 목련이 얼굴을 쭈빗 내미니

노오란 개나리 연분홍 진달래도 수줍게 고개를 내미네.

이에 질세라 하얀 벚꽃이 꽃잎을 휘날리며 활짝 웃고 있네.

이때 저 밑에서 들려오는 작은 목소리

민들레 제비꽃이 "저도 왔어요" 라며

하늘 하늘 온 몸을 흔드네.

따스하고 강한 햇살속에서

조화롭게 어우려진 꽃들의 축제.

이 어찌 아름답다 하지 않으리.

우리들도 축제를 시작해 볼까나.

마른뼈같은 이 모양 저 모양이 어우러져
이렇게 아름다운 모습을 만들 수 있으려나
자신의 자리에서 자신의 있는 모습 그대로
자기만의 색깔을 나타내며 방긋 방긋 웃을 때
하나님의 따사롭고 강한 사랑속에서
조화롭고 찬란한 교회를 이루리라.
생명이 있고 평화가 있고 행복이 있으며
기쁨이 있고 회복이 있고 치유가 있으니
이 어찌 아름답다 하지 않으리.

구별되게 산다는 것 …

거룩하신 하나님의 형상으로 만들어진 인간들이 죄와 구별되지 못한 삶을 사는 이 세상에서 하나님은 이스라엘 백성을 선택하시고 세상과는 구별되게 살아가기를 원하셨습니다. 원래 창조의 목적인 하나님의 형상대로 죄와 구별된 삶을 사는 계획이 무너졌습니다. 세상에 본이 되어 하나님을 알지 못하는 사람들을 하나님 앞으로 인도하시려고 이스라엘 백성들을 택하셨으나, 구별된 삶 보다는 하나님께서 선택하셨다는 우월감을 가지고 살았기 때문에 하나님의 책망을 받는 백성이 되었습니다.

이와 동일하게 현대를 살아가는 우리 그리스도인들이 죄악된 이 세상에서 하나님의 형상된 모습으로 구별된 삶을 살아가라고 교회를 세우셨지만, 많은 그리스도인들이 구별됨 보다는 우월성을 가지고 살아가므로 인해 이 세상으로부터 손가락질을 받고 있습니다. 구별되게 산다는 것은 무엇일까요?

나에게는 오빠 4명과 언니 1명이 있습니다. 뒤돌아보니 오빠들에게서는 무조건적인 사랑을 베푸는 모습, 이를 악물고 용서하고 포용하는 모습, 하나님을 경험한 그리스도인이 살아가야 할 바를 배웠습니다. 요즘 언니의 삶을 보면서 그리스도인으로서 구별되게 사는 것이 무엇인가를 배우고 있습니다.

내 성격은 양극성이 두드러지게 나타납니다. 좋으면 좋지만 한 번 눈 밖에 나면 그대로 적대시하고 단절해버리고 맙니다. 그래서 왠만하면 화를 내지 않고 참고 극단적 행동을 하지 않으려 노력하지만, 몇 년에 한번 씩 꼭 나를 분노케 하는 일들이 벌어집니다. 난 그때마다 폭발하였고 그 사람과 거의 원수가 되다시피 하는 삶을 살아왔습니다. 한 번 분노를 폭발할 때의 파장은 커서 엄청난 손해와 고통 속에서 몸부림쳐야만 하는 시간들이었고, 나에게 반복되어지는 훈련이었습니다.

옆에서 같이 살게된 언니와 지내면서 난 언니가 사람들과의 인간관계를 어떻게 형성해가는 지를 보게 되었습니다. 나에게는 참으로 어려운 일들을 언니는 자연스럽게 풀어가고 있는 모습이었습니다. 주위에서 언니를 화나게 하고 언니에게 잘못 행동하는 사람이 있을 때, 언니는 그 사람과 문제를 풀어가면서 화를 내지 않았습니다. 그 문제가 풀어지고 시간이 지나면 자연스럽게 교제를 하는 모습이 나에게는 새롭게 보였습니다.

구별된다는 것은 이런 것이 아닐까? 우리가 세상을 살아가다 보면 내 생각과 상관없이 나에게 테클을 걸어오는 사람들이 있습니다. 정말 용서가 되지 않고 나의 정당성으로 화를 내며 원수를 만들어버리는 게 연약한 인간들의 모습일 것입니다. 그러나 거기서 조금은 다른 모습, 내가 한 발자국 물러나서 원수가 되지 않고 서로 얼킨 문제를 풀어가는 모습, 그리하여 그 사람에게 그리스도인은 이렇게 살아야 한다는 모습을 보여주는 것이 구별되게 살아가는 삶 같습니다.

부활의 주님을 이야기 하면서 왜?

    부활하신 예수님의 소식을 들은 제자들은 예수님의 부활을 믿지 아니하였습니다. 후에 제자들 앞에 나타나신 예수님은 제자들의 믿음 없는 것과 마음이 완악한 것을 꾸짖으신 후 복음전파를 명령하시며 믿는 자들에게 표적이 따를 것이라 말씀하십니다.

    지난 두 달간 나는 기도생활을 하지 못했습니다. 아니 기도가 전혀 나오지 않았습니다. 마치 누군가가 내 입을 틀어막고 있는 기분, 어떤 분은 사탄의 방해라고 했고 어떤 분은 개인의 문제라고 했습니다. 처음에는 문제를 해결하려 여러가지 시도를 했지만 나중에는 잠자코 기다렸습니다. 무엇을 기다려야 하는지는 모르지만 그냥 답답함 속에서 기다렸습니다. 성금요 예배 … 예수님이 십자가에 달려 돌아가신날을 생각하며 드리는 예배 … 내 마음을 어루만지심이 느껴졌습니다. 내 마음 속에 울리는 질문 하나가 있습니다. "나는 너를 위해 내 목숨을 내놓았는데 너는 사람들의 시선을 뛰어 넘지 못하겠니?"

주님이 주시는 은사 … 내 삶을 돌아볼 때 나에게 주어진 은사들을 순종하며 바로 받은 적이 없는 내 모습입니다. 거부하고 외면하다 주님의 책망 속에서 어쩔 수 없이 받아들인 은사들. 두달 전에도 나는 특별한 체험을 하면서 그런 내 모습이 싫었습니다. 그래서 주님 앞에 불평을 늘어 놓았습니다. "주님 왜 나에게 이러세요? 나 그냥 조용히 살고 싶은데 … 왜 나에게 이런 일들을 자꾸 체험하게 하시는 거예요? 싫어요. 사람들이 나를 이상하게 보는 것도 싫고 교회 안에서 견제 당하는 것도 싫습니다. 제발 나에게 이러지좀 마세요" 이런 나에게 주님은 특단의 조치를 취하셨던 것 같습니다. 내 입을 막음으로서 하나님과의 소통이 안되는 답답함을 직접 체험하도록 ….

"믿는 자들에게는 이런 표적이 따르리니 곧 그들

이 내 이름으로 귀신을 쫓아내며 새 방언을 말하며 뱀을 집어올리며 무슨 독을 마실지라도 해를 받지 아니하며 병든 사람에게 손을 얹은 즉 나으리라 하시더라"

마가복음 16장 17-18절

아침 말씀을 묵상하며 예수님의 부활을 믿지 못하는 제자들과 동일한 모습이 지금 우리들의 모습이 아닐까? 부활하신 예수님을 기뻐하며 부활신앙을 가지고 살아가야 한다고 말하면서도 표정은 왠지 거북하여 한 쪽에 조용히 접어두는 모습…. 물론 이러한 모습 속에는 한국 교회 역사 속에서 은사자들의 잘못된 행동이 자리잡았고, 또한 교회 목회자들의 은사자들을 향한 견제의 모습이 합쳐졌기 때문일것입니다. 그렇지만 교회는 예수그리스도를 머리로 두고있는 공동체입니다. 목회자를 구심점으로 서로 지체로 연결되어 있는 교회의 본질을 생각한다면 교회 안에서 목회자와 은사자들은 협력자이어야만 합니다.

예수님은 은사를 특별하다고 말하지 않습니다. 믿는자들에게 이런 표적들이 따르는 것은 당연하다고 말씀하십니다. 그럼 우리들의 생각도 바뀌어야 합니다. 교회라는 공동체 안에서 목회자이든 성도이든 각자 자신에게 나타나는 은사들이 협력하여 선을 이루어 나가는 것이 바로 하나님 나라를 확장시켜 나가는 것일 것입니다.

하나님으로 부터 오는 흐름 속에서 우리가 부활의 예수님을 믿는다면 우리가 서 있는 곳에서 이러한 표적들이 나타나는 것은 당연한 것입니다.

비밀, 단순한 생각

상담심리를 공부하면서 욕구에 대해 생각해 보았습니다.

사람들은 저마다 자신에게 또 나의 옆에 있는 사람들을 향해 욕구가 있는데 하나님께서는 나에게 어떤 욕구를 가지고 계실까? 말씀을 묵상하면서 또 다른 사람들과 교제하면서 하나님께서 이 세상을 창조하신 시간으로 거슬러 올라가보니 하나님께서 사람을 만드사 사랑하시고 교제하셨다"라는 문구가 눈에 들어왔습니다.

아~하!

하나님께서는 내가 하나님과 사랑의 교제를 하며 행복하게 살기를 원하시는구나.

저는 아이를 낳아보지 않아서 부모로서의 감정을 완전히

느끼지는 못하지만, 짐작은 해 볼 수 있습니다. 만약 내가 부모라면 내 아이를 향한 가장 강한 욕구는 내 아이가 행복하게 살아가는 것이 아닐까 하는 생각이 들었습니다. 내 아이의 행복을 바라기 때문에 이 땅위의 부모들이 그렇게 욕심들을 부리는 것이겠지요.

살아온 세월이 그렇게 길지는 않지만, 이런 일 저런 일을 겪으면서 느낀 것은 행복은 하나님과 얼마나 밀접한 교제를 하느냐에 따라 내 마음 속에서 흘러 나오는 것이라 생각됩니다. 내가 말씀을 묵상하며 하나님의 사랑을 마음속에 생각할 때는 마음이 평안하고 기분도 좋고 이런 일 저런 일에도 관대해지면서 웃고 사는데 바쁘다는 핑계로 말씀을 잘 보지 않고 하나님의 사랑을 생각하지 않을 때는 내 마음 속에서 짜증이 나고 사소한 일에도 화가 나고 얼굴은 이그러지고, 내 옆에 있는 사람들까지도 기분을 다운시키고, 이런 모습들이 나의 연약함이겠지요.

우리들이 수없이 하나님의 뜻을 구하면서도 이런 가장 기본적인 것을 놓치기 쉽다라는 생각이 드네요. 직장에서 열심히 땀을 흘리며 일하면서도, 설거지를 하고 청소기를 돌리면서도, 이웃과 교제를 하면서도 모든게 귀찮아 방에서 뒹굴이방굴이 하시면서도, 짬을 내어 성경통독을 하면서도. 무슨 일을 하든지 하나님과 사랑의 교제를 하면서 행복하게 웃으며 행복 바이러스를 팍팍 일으키는 공동체가 되었으면 참 좋겠습니다.

"아담"이 나에게 준 선물

    사회복지 실습을 하기 위해 중증 장애인 시설인 "아담"을 방문했습니다. 행여 나의 작은 행동들이 아이들에게 상처가 되지 않기를 기도하며 ….

    방문을 열고 들어서는 순간 난 한 아이에게 찍히고 말았습니다. 손목을 잡히고 끌려가 한 장소에 앉혀졌고, 그 아이는 내 한발자국 앞에 앉아 나를 감시합니다. 가만히 앉아 있자니 민망하여 일어서려 하면 와서 앉히고 또 앉히고를 반복하며 …. 어쩔줄 모르고 안절부절 하는 나에게 선생님께서 웃으시며 그냥 앉아 있으라고 하십니다. 허~~ 이거 참 이 아이에게 감사를 해야 되는건가?

하루 이틀이 지나면서 조금씩 하나님께서 왜 이 자리에 나를 보내셨는지를 깨달을 수 있었습니다. 낮아지는 연습! 예수님께서 우리 인간들에게 눈높이를 맞추기 위해 인간의 모습으로 낮아지신 것처럼 나 또한 아이들의 눈높이를 맞추기 위해 최선을 다해 노력해야겠다는 마음을 가져봅니다.

"안녕~." 하며 문을 열고 들어가 내가 터득한 인사법으로 한 명, 한 명 인사를 나눕니다. 꽉 껴안아주는 친구, 먼저 손을 내미는 친구, 달려와 안기는 친구, 내가 손을 내밀면 악수하는 친구, 소리를 지르는 친구, 조용히 "안녕하세요" 말하는 친구, 때로는 바닥에 누워있는 친구에게 나도 같이 누워 "안녕" 하면 왠지 공감대가 꽉꽉 형성하는 것 같은 기분이 듭니다.

이제 친구들과 같이 노래를 부르며 노는 시간….
"ㅎㅎㅎ 힘들다. 동요 가사들은 가물가물~~ 목도~ 아프다….", 이렇게 시간이 흐르면서 서서히 나는 아이들과 친구가 되어갔습니다.

똑같은 일상, 똑같은 행동을 하고 있지만, 나름대로 자기만의 법칙이 있고, 나름대로 취향이 있고, 자신의 감정도 표현합니다. 마음에 들지 않으면 소리를 지르고, 고개를 돌리기도 하고, 나의 등짝을 퍽~ 때리기도 합니다. 자기가 좋아하는 걸 주면 행복의 미소를 날립니다. 각자 자기가 좋아하는 노래도 있습니다. 한 친구는 "우물가에 올챙이 한 마리~~." 또다른 친구는 "곰 세 마리 한 집에 있어~." 또 다른 친구는 "아빠하고 나하고 만든 꽃밭에~~." 율동을 좋아하는 친구도 있습니다. "반짝 반짝 작은별 아름답게 비추네~" 하면 고개를 끄덕끄덕하면서 예쁘게 율동을 합니다.

눈을 맞추며 노래를 불러주다 아이들과 같이 깔깔깔 소리 내서 웃으며 우리는 하나가 됩니다. 이렇게 같이 어울려 놀다 보면 어느새 시간이 훌쩍 지나 집에 가야 할 시간입니다. 난 오늘도 "아담"에서 나의 친구들이 무제한으로 날려준 행복한 눈빛과 미소를 가슴에 가득 안고 헤헤거리며 집으로 갑니다.

오직 예수님만으로 족합니다.

 예전에 제자훈련을 받으면서 이런 행위를 한 기억이 납니다. A4용지를 4단으로 나누어서 내가 귀중하게 생각하는 것을 3개 쓰고, 나머지 하나에는 하나님을 쓰고 나서 차례대로 하나씩 찢어버리는 일이었습니다. 그때 아가씨였던 나는 거리낌없이 자신있게 다른 것들을 다 찢어버리고 하나님만 남겼지만, 가정을 가지고 특히 자녀가 있는 분들은 자녀의 부분에서 많이 갈등하고 힘들어 하는 모습을 본 적이 있습니다.

 웹 소설에 나오는 남자 주인공은 너무나 완벽합니다. 잘생기고, 멋지고, 돈많고, 성공했고, 성격까지 좋고 또 오직 한 여자만을 억수로 사랑합니다. 여자 주인공들은 이런 남성의 사랑을 원없이 받습니다. 이런 남성과 데이트를 하고 결혼을 하게 된다면 ~. 으아. 그야말로 행복 그 자체일 것 같습니다. 이 땅 위에 여성들에게 이런 남성이 다가온다면 거절할 것이 무엇이랴, 내가 만약 이런 남성과 연애한다면, 생각만 해도 저절로 입꼬리가 올라가고 행복이 짜릿짜릿 합니다.

　이런 생각을 해봤습니다. 내가 예수님과 교제한다고 하면서 이렇게 흥분되고 기분이 좋고 생각만 해도 가슴이 두근거리고, 쿵쾅거리고, 잠도 못자고 행복해 하는지, 때로는 예수님과 관계성을 가지고 믿음생활을 하는 것이 고역인 것처럼 어떤 의무감에서 꾸역꾸역 힘들게 가고 있는 내 모습이 아닌지, 예수님은 완벽한 소설 속의 남자 주인공보다 비교도 안될만큼 멋지고 그 안에 나를 향한 사랑이 가득함을 왜 지각하지 못할까요? '오직 예수님 만으로 충분합니다라' 는 말 앞에 속으로 아니요. 저에게는 이런 이런 것들도 필요해요 라는 말을 씹고 있는지, 그것은 우리가 예수님의 가치를 너무 작게 설정하고 있기 때문이 아닐까요.

예수님 안에 모든 것이 포용되어있기에 그 안에서 예수님의 가치를 제대로 보고 우리가 누린다면 우리의 욕구들이 그 안에서 모두 해결되어 우리에게 행복한 삶을 제공할텐데 말입니다.

우리의 눈길과 마음이 머무는 곳에 …

어느날 사무실 앞에 크고 이쁜 동백나무 한 그루가 놓여졌습니다. 사람들은 꽃망울이 많이 맺힌 동백나무를 보면서 감탄사를 연발하며 기뻐하였습니다. 그러던 어느날 동백나무는 거세게 분 바람에 견디질 못하고 넘어지고 말았습니다. 사람들은 안타까운 마음으로 동백나무를 일으켜 세우며 뿌듯한 웃음을 지었습니다.

그러나 바람이 불 때마다 넘어지기를 반복하는 동백나무를 바라보는 사람들은 귀찮아하고 짜증을 내기 시작하더니 결국에는 담벼락으로 끌고가서 내팽개쳐 놓고 말았습니다. 그후로 아무도 그 동백나무에 관심을 두지 않았으며 동백나무는 점점 말라 죽고 말았습니다. 동백나무 꽃봉우리가 참 많았는데 제대로 피워보지도 못하고 말라버렸습니다.

　땅 위에서 잘 자라는 동백나무의 뿌리를 잘라 조그만 화분에 뭉퉁그리 부실하게 심어 놓은것은 사람들인데 내팽게쳐진 것은 동백나무였습니다. 누군가 저 동백나무에 끝까지 관심을 가지고 땅에 잘 묻어주고 물을 주면서 가꿨더라면 아름다운 꽃을 활짝 피울 큰 나무가 되어 바라보는 사람들에게 기쁨을 줄 수 있었을텐데, 하나의 단편적인 모습이지만 마치 우리의 모습을 바라보는 것 같다는 생각이 들었습니다.

　우리 주위에 지쳐 쓰러져가는 사람들을 바라보는 우리의 태도가 처음에는 관심을 가지고 도움이 필요한 이들에게 손을 내밀며 나 자신을 뿌듯해 하지만, 한번두번 반복되며 시간이 지나면 어쩔수 없이 겉으로 모양좋게. 입으로만 떠들며 허울좋게 퇴색해버린 관심만 표현하고 있는건 아닌지, 그러다 귀찮아지면 나몰라라 내팽게치고 피해 다니지는 않는지, 조금 더 기다려주지 못하고 너무 빨리 포기하지는 않는지, 남을 이해한다는 것은 참으로 어려운 문제인 것 같습니다.

평화를 사랑하고 그 평화를 위해서 관심을 가지고 시간과 에너지를 투자한다는 것은 분명 어려운 일일 것입니다. 그러나 남들이 힘들다고 외면하는 일들에 관심을 가지고 지금 보다 조금 더 살기좋은 우리마을을 만들기 위해 애쓰시는 모습들이 있기에 이 사회는 희망이 있다고 말할 수 있을 것입니다.

거센 바람처럼 힘든 현실에 부딪힌다 할지라도 포기하지 않는 우리들의 관심이 아름다운 꽃을 활짝 피워 많은 이들에게 기쁨을 선사할 수 있었으면 참 좋겠습니다. 우리의 눈길과 마음이 머무는 그곳에 평화와 희망이 가득하기를 기도해봅니다.

침신 뒷동산에 모여서 부르는 노래

형제들이 연합하여 교제함이 어찌 그리 선하고 아름다운 고. _ 시편 133-134편

    그것은 서서히 붉게 물들어가는 단풍잎들의 노래 서곡과 같습니다. 계절의 흐름속에서 채색 옷을 입은 나뭇잎들이 하나로 어우려져 가는것과 같습니다. 이는 이곳에 모인 자들을 예수님께서 부르시고 제자삼아 주셨기 때문입니다. 그리고 하나님께서 이른 비와 늦은 비를 주시고 햇빛과 바람으로 키우신 알곡과 채소를 먹는 기쁨을 누리게 하시기 때문입니다.

    침신 뒷동산에 모여 맛있게 점심을 먹는
여호와의 종들아 여호와를 찬양하라.

평창에서 온 노오란 속살을 드러낸 배춧잎을 먹으며

여호와를 찬양하라.

밥솥 가득 담아온 영양밥을 먹으며 여호와를 찬양하라.

지갑을 열어 만들어진 빨간 제육볶음을 먹으며

여호와를 찬양하라.

고추장과 된장들이 범벅이 된 쌈장을 먹으며

여호와를 찬양하라.

고소하게 끓인 따뜻한 숭늉을 마시며 여호와를 찬양하라.

일용할 양식을 공급하시는 여호와를 찬양하라.

기쁨으로 섬기는 아름다운 손을 주신 여호와를 찬양하라.

행복에 겨운 미소와 쩍 벌린 입들을 주신 여호와를 찬양하라.

볼록하게 올라온 만족한 우리들의 배를 만들어 주신

여호와를 찬양하라.

침신 뒷동산의 사랑을 나누는 형제들아 여호와를 찬양하라.

천지를 지으신 여호와께서 침신 동산에서

네게 복을 주실찌어다.

공동체 예배에 임재하신 하나님을 사모합니다

시편121편

여호와여 눈을 들어

아름다운 그리스도의 몸 된 공동체를 그려봅니다.

그 아름다움이

생명의 근원이신 하나님으로부터 흘러나옵니다.

그리스도의 몸 된 지체들이 자신의 자리에서

하나님을 바라봅니다.

지난 여름 비온 뒤 물줄기가 힘차게 흐르는

아름다운 계곡을 보았습니다.

이 모양 저 모양 그 형태가 다른

바윗돌들이 조화를 이루어 앉아있습니다.

그 위로 맑은 물들이 졸졸졸, 콸콸콸 시원하게 흘러갑니다.

계곡 옆으로 푸른 나무들이 우뚝 솟아 있습니다.

나뭇가지 사이로 밝은 햇살이 비추어 내려옵니다.

나뭇잎들이 살랑살랑 부는 바람과 대화를 나눕니다.

흐르는 물 밑으로 웅덩이가 만들어지고

돌 밑에는 다슬기들이 숨바꼭질을 합니다.

웅덩이에는 어린 아이들이 물장구를 치며 깔깔깔 웃습니다.

어른들은 얼굴에 웃음꽃을 피우며

도란도란 사랑을 나눕니다.

여호와여 이 모든 것들이 어우러져

창조주 하나님을 찬양합니다.

하나님께서 만드신 이 아름다운 모습이

그리스도의 몸 된 교회입니다.

그 위에 맑은 성령의 물줄기가 덧입혀

우리의 마음에 기쁨과 행복이 넘칩니다.

여호와여 삶이 힘들고 지친 이들이

이곳에 와서 쉼을 얻게 하옵소서.

마음의 상처로 울부짖는 이들이

이곳에 와서 위로를 받게 하옵소서.

육신의 병으로 고통을 겪는 이들이

이곳에 와서 나음을 입게 하옵소서.

벼랑 끝에 있는 이들이

이곳에 와서 길을 찾을 수 있게 하옵소서.

용서하지 못해 괴로움을 겪는 이들이

이곳에 와서 용서할 수 있는 용기를 얻게 하옵소서.

하나님을 알지 못하는 이들이

이곳에 와서 같이 어우러지게 하옵소서.

여호와여 내가 눈을 들어

아름다운 그리스도의 몸 된 공동체를 바라봅니다.

여호와여 내가 예배 가운데 임재하시는

하나님을 기대하며 사모함에 감사드립니다.

여호와여 내가 그 곳에서

나를 도우시는 하나님을 예배합니다.

주가 찾는 예배자 한 사람

시편121편

이스라엘 백성이 성소에 올라가면서 하나님의 임재를 사모하며 부르는 그 찬양 속에서 현재 나의 예배드리는 태도들을 점검하기 시작했습니다.

과연 내가 예배를 드리러 가면서 얼마나 하나님의 임재를 사모하였는가? 그리스도의 몸 된 공동체라고 입으로는 떠들면서 내 가슴 속에 공동체의 예배에 임재하시는 하나님을 얼마나 기대하였는가? 50년이 넘게 신앙생활을 하였음에도 불구하고 나의 예배는 왜 하나님의 임재하심을 사모하며 기대하지 못하고 그저 하나의 습관된 예식처럼 그저 그렇게 그 시간이 되면 덤덤히 앉아 있다 왔는가? 이스라엘 백성이 성소를 올라가면서 하나님의 임재를 사모하고 기대하는 그 마음은 어떠할까?

나도 주일 공동체 예배 가운데 임재하시는 하나님을 기대하고 사모하면 어떻게 될까?

    나 자신에게 무수한 질문을 던지면서 시편 121편을 지속적으로 묵상하면서 기도했습니다. 하나님 내가 공동체의 예배를 바라봅니다. 하나님 내가 공동체의 예배 가운데 임재하실 하나님을 사모하며 기대합니다. 주일 예배 시간 조용히 눈을 감고 하나님의 임재를 사모하며 기대하였습니다. 사슴이 시냇물을 찾아 갈급함 같이 저의 온 마음을 하나님의 임재하심에 곤두세웠습니다. 예배 순서를 맡은 지체들을 위해 기도하는 그 시간 하나님께서 부어주시는 은혜의 숨결이 그들 각 사람 위에 흘러 이 곳에 앉아 있는 모든 예배자의 마음 속에 흐르기를 기도했습니다.

    마치 계곡의 바위 위로 물길이 지나가듯 그들의 마음 속에 성령님의 흐름을 느낄 수 있도록. 또한 이 공동체 전체가 그 흐름을 느낄 수 있도록 머릿속에 아름다운 공동체의 모습을 그리며 기도했습니다. 예배송을 부를 때 하나님은 예배를 정의하여

주셨습니다. 복음이 믿어지고 복음이 고백되고 복음이 드러나는 것이 예배임을 깨닫게 하셨습니다.

    나의 마음 깊은 곳에서는 형언할 수 없는 감격과 저의 눈에는 눈물이 흘러내렸습니다. 나의 입술로 예배에 대한 고백이 드려질 때 주님께서 성가대의 찬양을 통해 화답하셨습니다. 주의 지팡이와 막대기가 나를 안위하시나이다. 내 입을 벌려 고백합니다. 주님이 찾으시는 그 예배자 한 사람이 제가 되겠습니다.

주님이 화답하십니다.
나는 너의 선한 목자다.
내 입을 벌려 고백합니다.
나 무엇과도 주님을 바꾸지 않으리~
온 맘과 정성 다해 주님 사랑해요.
하나님께서 내 마음을 어루만지며 위로해 주셨습니다.
아 하나님 은혜로 이 쓸데 없는 자
왜 구속하여 주는 지 난 알 수없도다.

이제 말씀을 듣기 위한 고백의 기도를 합니다. 그때 주님은 환상을 보여주셨습니다. 생명의 근원자인 하나님께서 그곳에 서시어 은혜의 샘물을 부어주시기 시작하십니다. 하나님은 목사님의 입술을 통해 은혜의 말씀을 흘려보내기 시작하셨습니다. 그 흐름이 이 곳에 앉아 있는 공동체의 예배자들 위로 콸콸콸 흘러갔습니다.

복음이 드러나는 시간이었습니다.
예수님은 선한목자이시다.
나의 상처를 치유해주시고 목숨을 걸고 나를 지키시는 선한목자 되신 예수님, 그가 우리를 위하여 목숨을 버리셨으니 우리가 이로써 사랑을 알고, 우리도 형제들을 위하여 목숨을 버리는 것이 마땅하니라.
나의 도움이 필요한 한 사람을 떠올리는 저에게 주님은 말씀하십니다.

이 한 시간 예배를 통해 하나님의 임재를 경험한 너는, 이

제 일주일동안 너의 삶의 현장에 이 한 시간의 예배를 재생시켜라. 그리하여 너의 삶 가운데서 일하시는 하나님을 경험하라. 아멘 주 예수여 오시옵소서.

삶의 예배 가운데 임재하신 하나님

주일 예배를 마친 후 하나님의 임재 안에서 하나님의 은혜를 경험한 그 한 시간을 이제는 저의 삶 속에서 재생시키기 위해 기도했습니다.

"내가 눈을 들어 하나님을 바라봅니다. 나의 삶 가운데 임재하실 하나님을 사모하며 기대합니다."

월요일 새벽 시간부터 부어주시는 그 은혜의 차오름을, 그 뜨거움을 견딜 수 없었습니다. 5일 동안 성령님께서 저를 이끄시어 그 뜨거움을 기도로 토해놓게 하셨습니다.

"정결한 자에게 선을 행하시는 하나님! 넘어지고 미끄러질뻔한 저를 깨우쳐 주시고, 저들의 형통함을 보고 오만한 자들을 질투하지 않게 하심을 감사드립니다. 나를 정결케 하소서."

한 사람을 보여주시면서 이 사람을 위해 기도하라고 말씀하셨습니다. 겉은 영국 신사처럼 말쑥한 모습인데 속은 병들어 고통 가운데 억눌려 있고, 숨도 제대로 쉬지 못하는 분이었습니다. 성령님께서 내 입술을 벌려 울부짖게 하셨습니다.

생명의 근원이신 하나님 나를 살려주세요.

나를 둘러싸고 있는 악한 세력을 물리쳐 주시고

내 손 잡아주세요.

하나님의 이름을 만홀히 여긴 죄를 용서하시고

나의 교만을 용서하소서.

용들의 머리를 깨뜨리며 리워야단의 머리를 부수시고 바위를 쪼개시는 하나님, 창조주이시며 구원을 베푸시는 분이 바로 나의 하나님인 것을 고백합니다.

회개의 영을 부어주시사 교만한 자들이 주님 앞에 철저히 무릎꿇게 하시고 하나님 앞에 나아오게 하소서.

5일동안 성령의 이끄심 속에서 기도하게 하신 하나님께서 토요일에 말씀하십니다.

네가 공동체의 예배 가운데 임재하시는 하나님을 기대하고 사모하면 하나님과의 언약관계를 회복한 너는 하나님의 은혜를 경험하게 될 것이다. 공동체의 예배 가운데 흐르는 하나님의 은혜가 너를 적시면 너의 굳은 **뼈**가 펴지고 네가 자유해지고 네가 기**뻐** 뛰며 춤을 추며 하나님을 찬양하게 될 것이다.

하나님은 너를 통해 큰 영광을 받으실 것이다.
할렐루야 하나님을 찬양하라.
아멘. 주 하나님.
내가 공동체의 예배 가운데 임재하시는
하나님을 기대하고 사모합니다.

예수 그리스도가 높이 들리리라.

참된 예배를 드리게 하시는 분 진리의 성령님.

참된 예배를 받으시는 분 우리 주 아버지 하나님.

승리 주시고 자유케 하시는 생명이신 예수 그리스도.

죽은 나사로를 살리신 생명의 근원자 이신 예수님.

나는 부활이요 생명이니 믿는 자는 죽어도 살겠고,

무릇 살아서 나를 믿는 자는 영원히 죽지 아니하리라.

주의 만찬을 통해 나와 관계를 맺으시는 예수님.

떡을 떼사 받아서 먹으라 이것은 내 몸이니라.

잔을 가지사 이것을 마시라 이것은 나의 피 곧 언약의 피니라.

십자가에 달리사 우리 죄 사했네.

그 이름앞에 무릎 꿇고 절하세.

우리의 경배를 받으시기에 합당하신 예수님.

나는 주와 함께 싸워 승리하리라.

내 앞에 바다가 갈라지지 않으면

주가 나를 바다 위 걷게 하리

일주일 동안 성령에 이끌리어 기도하게 하신 분

그 분은 바로 교회 공동체의 모습이었습니다.

교만의 악에 짖눌려 움츠리고 무기력해진 교회 공동체

하나님의 이름을 만홀히 여긴 교회공동체

주님은 나훔 선지자를 통해 선포의 말씀을 주십니다.

만군의 여호와가 말하매

네 벌거벗은 것을 나라들에게 보이며

네 부끄러운 곳을 뭇 민족에게 보일것이요

내가 또 가증하고 더러운 것들을 네 위에 던져 능욕하여

너를 구경거리가 되게 하리니

잠자는 교회 공동체여 일어나라.

시온의 영광이 빛나는 아침 어둡던 이 땅이 밝아오네.

슬픔과 애통이 기쁨이 되니 시온의 영광이 비쳐오네.

일어나라 주의 백성 빛을 발하라.

주가 너의 영광으로 일하시리라.

온 세상이 어둠 속에 헤매고 있지만,

주가 너와 함께 계셔 회복을 명하리라.

일어나라 빛을 발하라

만백성이 너의 빛을 보고 사방에서 나아 오네.

일어나라 빛을 발하라

만백성이 자유함을 얻어 기뻐하는 도다

승리하신 성령님

 월요일부터 제 몸에 이상증세가 나타나기 시작했습니다. 온 몸이 빨갛게 열꽃들이 피면서 가렵기 시작했습니다. 병원에 가면 이 증세를 설명하기가 애매해서 그냥 지켜보기로 했습니다. 시간이 갈수록 열꽃들과 가려움증은 더 심해져만 갔습니다. 하나님 이것이 무엇입니까?라는 질문을 했을 때, 네 몸이 지금 영적 전쟁을 치루고 있는 교회의 모습이라고 했습니다.

 성령님께서는 밤낮없이 저를 예배실로 이끄셨고, 교회 공동체를 짓누르고 있는 사단의 세력을 물리치는 기도를 시키셨습니다. 처음 경험하는 이런 황당한 상황에 저 자신이 당황했지만, 주시는 말씀에 의지하여 제 몸을 온전히 성령님께 맡겼습니다. 시간이 지나니 머리도 아프고 가슴도 죄어오면서 고통의 강도는 점점 더 심해졌습니다. 온 몸이 고통으로 기도하지 않고는 견딜 수가 없었습니다. 이러다 응급실로 실려갈수도 있겠다는 생각도 들었습니다.

수요일 저녁이 되니 그 고통은 극에 달했습니다. 열꽃들은 빨갛다 못해 새파랗게 변해가고 있었고 그 가려움을 이겨내기 위해 식염수를 온몸에 부으며 기도했습니다. 밤새도록 기도로 씨름을 하면서 새벽녘에 잠이 들었는데 꿈을 꾸었습니다. 넓은 들판에 파난 새싹들이 돋아나는 …. 아주 기분좋은 꿈이었습니다.

눈을 뜨면서 저의 입에서 "끝났다, 이겼다"라는 말이 흘러나왔습니다. 그때부터 언제 그랬냐는 듯이 가려움증이 사그라들고 열꽃들의 빛이 서서히 옅어지면서 조금씩 사라지기 시작했습니다. 온 몸을 짓누루던 고통들도 서서히 가라앉기 시작했습니다.

예수 그리스도로 말미암아

우리에게 그 성령을 풍성히 부어주사.

우리로 그의 은혜를 힘입어 의롭다 하심을 얻어

영생의 소망을 따라 상속자가 되게 하려 하심이라.

교회 공동체속에 임재하시는 성령님을 사모하며 기다리라.

승리하신 성령님께서 사모하는 이들에게

성령을 풍성히 부어주시리라.

너희가 기뻐 뛰며 하나님을 찬양할 것이니라.

써클은 공동체의 소통이다.

　써클을 진행하다 보면 너무나 환상적으로 잘 되는 때가 있고, 아님 완전 죽을 쑤는 때가 있습니다. 그러나 참으로 이상한 현상은 다 마치고 설문조사를 해보면 내가 어떻게 진행을 했든 상관없이 동일하게 내 입가에 미소가 번지는 경험을 한다는 것입니다. 그래서 나는 생각합니다. 진행자의 실력과 상관없이 써클을 진행했을 때 그 자체만으로도 효과가 있고, 그 안에서 소통이 이루어지며 변화가 시작됩니다.

　서클 구성원이 한 도시의 각 학교 임원진들로 리더의 자리에 있는 아이들이었습니다. 이들의 특징은 어떠한 목적을 위해서 한 자리에 모였지만, 활동적인 부분에서 한 쪽으로 치우쳐 있다는 것이었고, 또 서로 간의 교제가 없는 친구들이었습니다. 이들과 같이 둥그렇게 둘러앉아 여러 가지 주제를 제시하며 한 사람 한 사람 이야기를 하였습니다. 또 각 공동체의 리더인 친구들이었기에 몸 놀이를 하면서 짝과 발 맞추어 걸어가기를 하였는데 다리가 가장 긴 아이와 다리가 가장 짧은 아이 둘이서 짝을 이루게 한 다음에 자신의 보폭대로 한 번 걸어보고, 또 상대에 맞춘 보폭으로 걸어보기를 하면서 공동체에서 서로 다른 사람들이 어떻게 함께 가야하는지를 설명했을 때 아이들이 많은 공감을 이루는 표현을 하였습니다. 성공적인 써클 진행이었습니다.

사전에 아이들의 언어적인 부분을 터치해 달라는 요청에 의해 주제를 전하고 진행을 하였습니다. 가장 듣기 싫은 말과 듣기 좋은 말을 이야기할 때 용기를 내어 이야기 하는 친구들이 있었고, 좋은 우리 반을 만들기 위해 사라져야 할 것에서는 하나같이 욕을 하지말아야 한다는 이야기를 하는 점에서 아이들의 의견이 모아지는 모습도 있었으나 팀원들의 분위기가 묘하게 흘러가기 시작했습니다. 나의 진행과는 상관없이 한 아이의 눈빛에 의해서 팀원들이 움직이고 있었습니다. 어디로 튈지 모를 정도로 통제도 되지 않았고, 자꾸만 나의 목소리가 높아지고 어수선함으로 인해 진행이 끊기면서 써클이 매끄럽게 흘러가지 못했습니다. 써클 진행 중 주제에서 벗어난 이야기를 들쑥날쑥 하면서 아이들은 장난식으로 혹은 질문의 반대로 답하는 부분들이 있었습니다.

참으로 신기한 현상은 설문조사에서 나타났습니다. 성공적인 써클을 진행했든지 아님 죽을 쑨 써클을 했든 상관없이 그 효과는 동일하였습니다. 성공적인 써클에서 긍정적인 이야기가 나올때는 그저 그려러니 했는데 죽을 쒔다고 생각하는 써클에서도 동일한 반응들이 적혀 있었습니다. "나의 이야기를 할 수 있어서 좋았다, 친구의 이야기를 들을 수 있어서 좋았다, 몰랐던 부분들을 알게 되어서 좋았다. 앞으로 서로 이야기를 하며 지내야겠다" 등의 내용들을 보면서 써클 자체만으로도 소통이 이루어지고 그 팀에 작은 변화를 일으킨다는 사실을 다시 한번 확인하게 된 계기가 되었습니다.

들풀이 아름답게 보이던 그 날

　저는 엄마 뱃속에서부터 시작해서 거의 교회 안에서 자랐다고 볼 수 있을 것입니다. 주일예배, 수요예배, 금요예배, 구역예배를 다 참석하며 고등학교 때부터는 주일학교 교사, 성가대원으로 그야 말로 교회에서 날리던 시절이었습니다. 그래서 주위 사람들로부터 믿음 좋다는 말을 많이 들었고 나 자신이 보기에도 참 착하고 믿음 좋은 교인이었습니다.

　저는 하나님을 믿는 것은 예배 안 빠지고 착하게 살면 된다는 생각을 가지고 있었습니다. 하나님을 믿기는 하지만 나의 하나님이 아닌 그저 우리 모두의 하나님, 신적인 하나님일 뿐이었습니다. 제가 저 자신을 바라볼 때 회개할 것이 별로 없었습니다. 그래서 눈을 감고 이렇게 기도했습니다. "하나님 알고 지은 죄, 모르고 지은 죄 다 용서해 주세요"

27살 되던 해 오빠의 신앙생활의 삶을 보면서 저의 신앙관이 잘못 형성되어 있었다는 것을 발견하게 되었습니다. 어느 순간 저의 눈에 나를 위해 십자가를 지신 예수님의 모습이 보이기 시작했고, 그 십자가 앞에 섰을 때 죄인된 저의 모습을 볼 수 있었습니다. 내 생애 처음으로 콧물, 눈물 흘리면서 나의 죄인됨을 고백하는 회개의 기도를 하였습니다. 그리고 놀라운 일이 생겼습니다. 내 눈에 새로운 세상이 보이기 시작했습니다. 제 삶에 변화가 일어나기 시작했습니다.

저는 그때까지 자연을 보며 감탄한 적이 없었습니다. 벌레를 무진장하게 싫어하여 풀밭이나 숲속 길, 시골집들을 별로 좋아하지 않았습니다. 그런데 자연 그대로의 모습이 하나님의 창조물로 보이면서 그렇게 아름답게 보일 수가 없었습니다. 저의 입에서 "참 아름다워라~ 주님의 세계는"이라는 찬송이 절로 나왔습니다.

아침에 출근하던 저의 눈에 밤새 봄비를 맞고 쑥 자라있는 들풀이 들어왔습니다. 논두렁에 쭈그리고 앉아 신기하듯이 그

들풀을 보다가 그만 지각을 해버렸습니다. 맑은 이슬방울을 머금고 있는 그 들풀이 얼마나 아름답던지….

언젠가 한 분이 저에게 이런 질문을 했습니다. "하나님을 인격적으로 경험했다고들 하는데 도대체 그 말이 무슨 뜻이냐고." 저는 바로 이런 것이 아닐까 라는 생각을 해 보았습니다. 하나님을 경험하지 못했을 때와 경험했을 때의 차이점, 즉 내 삶에 변화가 일어나는 그 시점.

교회는 열심히 다녔지만 저 자신이 죄인됨을 깨닫지 못하다가 십자가 앞에서 죄인됨을 깨달았을 때 하나님을 인격적으로 경험한 것이고 하나님이 만드신 자연 속에서 살고 있었지만, 창조주이신 하나님을 망각하고 있을 때 자연은 제게 무덤덤 하던 것이었지만, 하나님을 인격적으로 경험하고 나니 하나님께서 창조하신 자연이 너무나 아름답고 그 자연 속에 있는 그 자체가 행복이고 기쁨이라는 것. 바로 이런 변화가 일어날 때 인격적인 하나님을 경험했다고 말할 수 있다라는 생각이 들었습니다.

잠깐 스톱!

대학원을 떨어지면서 시작된 2014년.

주님이 인도하심을 느껴지만 시작한 일들이 자꾸 지연되어 갈 때 의문점이 생겼습니다. 바쁜 일정 속에 나의 가슴을 죄어오는 답답함과 스트레스가 쌓여갔습니다. 나의 처한 삶에서 벗어나고 싶은 욕망들이 올라오고 피폐해진 나의 영적인 모습이 보입니다. 그때 깨달았습니다. 내가 늪 속에 빠져 허우적거리고 있다는 사실을 ….

삐요삐요. 비상사태 ….

주님은 "하경삶"을 통해 하나하나 나를 체크해가기 시작하셨습니다. 바쁜 일정과 공부에 집착하여 앞만 보고 정신없이 가는 나의 소매 끝자락을 잡아 끄셨습니다. 그리고 말씀하셨습니다. "잠깐 멈추라고 …. 잠깐 멈추고 나좀 보라고."

하나님이 주신 소명을 이룬다는 명목으로 바쁘게 살면서 정작 하나님과의 교제를 소홀히 하고 있는 저의 모습이 보입니다. 주님의 뜻을 이룬다고 하면서 하나님의 말씀에 귀를 기울이지 않았던 모습도 보입니다. 주님 죄송합니다. 내 발걸음을 계속 지연시키신 이유가 이것이었군요. 주님을 사랑한다고 하면서도 주님과 데이트도 안하고 나 혼자만 바빴군요. 주님 이제 제가 하던 일들을 멈추고 주님을 바라보겠습니다. 말씀과 기도를 통하여 주님과 데이트 시간을 갖겠습니다.

그때 주님은 하나하나 나를 점검해 주셨습니다. 지나온 발자취 속에서 나에게 찾아오셨던 주님의 모습을 보여주셨습니다. 처음 인격체이신 주님과 만났을 때 그 감격을, 나의 상처들을 두 팔 벌려 꽉 안고서 위로해주신 따스했던 주님의 모습을, 무서움에 떨고 있는 나를 날개 아래 품어주신 주님의 강함을, 힘들고 지쳐있을 때 옆에 앉아 어깨를 내어주신 주님의 자상함을, 웅덩이에 빠져 헤메고 있을 때 내 손 잡아 건져 올리신 주님의 팔 힘을, 절망의 절규앞에 있을 때 소망의 빛을 보여주셨던 주님의 찬란함을, 내가 기뻐할 때 같이 앉아 기뻐하셨던 주님의 행복한 미소를, 내가 길을갈 때 내 손잡고 같이 간 나의 친구이신 주님의 다정함을, 부족하고 연약한 나에게 하나님의 마음과 비젼을 보여주셨습니다.

지나온 걸음 걸음 나와 같이 기뻐하고, 행복해하고, 같이 고통스러워하고, 같이 역경을 이겨내며 위로해주시고 안아주시고. 인도해주신 주님께 감사드립니다. 주님 사랑합니다.

하나님이 나에게 주신 선물

지난 일년 동안 가장 많이 들은 말은 "참 좋은 언니를 둬서 좋겠어. 부러워요"입니다. 그런데 그 좋은 언니는 제가 이사하는 날 서울에 가서 오지 않았습니다. 당연히 있을거라 의심치 않았던 언니가 없이 나 혼자서의 분주한 시간들은 짜증과 서러움으로 저의 마음을 짓누르며 결국에는 드러눕고 말았습니다.

이 무슨 독단인가? 나도 언니가 이사할 때 가보지도 않았으면서 …. 자꾸만 흐르는 눈물을 닦으면서 나 자신의 마음을 들여다 보았습니다. 내 마음을 헤아려주지 못하는 언니에 대한 서러움. 또 나 혼자해야 하는구나 라는 지난 날의 중압감이 나를 짓누른 것입니다.

지나온 세월 속에서, 벼랑끝에서. 처절한 고통으로 몸부림

치던 시절이 있었습니다. 하루를 살아가는게 아니고 그 하루를 안간힘을 다해 버티던 시간이 있었습니다. 다리가 후들거려 서 있을 힘조차 없어 길거리에 주저 앉아 있었던 때도 있었습니다. 내 앞에 놓여져 있는 감당해야 할 상황이 너무나 무거워 누군가의 어깨에 기대어 잠시 눈을 감고 쉬었으면 좋겠다고 생각하던 때가 있었습니다.

밤 12시가 되면 캄캄한 예배실에서 대성통곡을 하였습니다. "나보고 어쩌라고요. 나보고 어쩌라고요." 울부짖으며 할 말은 그것밖에 없었습니다. 울다 지쳐 쓰러져서 잠이 든 저를 예수님은 두 팔을 벌려 안아주셨습니다.

그리고 저로 하여금 경험하게 해 주셨습니다. 살이 찢어지는 육체의 고통보다도, 그 모든 것을 혼자서 감당해야 했던 그 십자가의 중압감. 십자가 위에서 하나님으로부터 철저하게 외면당했던 예수님의 외로움. 이 세상에 있는 약자들을 향한 하나님의 사랑을. 그리고 그들을 바라보고 있는 하나님의 마음을….

우리는 서로의 마음을 헤아리지 못하여 관계성을 잘 이어

가지 못할 때가 많습니다. 마음을 헤아리지 못한 말 한마디는 서로에게 상처와 고통을 안겨주기도 합니다. 우리 모두 서로서로가 마음을 헤아렸으면 참 좋겠다는 생각이 듭니다.

부모님은 자녀들의 마음을. 자녀들은 부모님의 마음을. 남편은 아내의 마음을, 아내는 남편의 마음을. 때로는 잘못 헤아려 어긋나는 일도 있겠지만, 서로가 같이 노력한다면 하나님의 마음이 담겨있는 가족이 되지 않을까라는 생각이 듭니다.

저에게 있어서 언니는 그냥 좋은 언니가 아닙니다.

저 혼자서는 도저히 감당할 수 없는 위기에 처해 있을 때, 하나님께서 제 옆에 동역자로서 협력자로서 준비해주신 선물이었습니다.

고개 돌려 옆을 한번 보십시오.

그곳에 하나님께서 나에게 선물로 주신 부모님, 자녀, 형제, 자매가 있을 것입니다.

아하~ 이것도 목회의 한 모습이구나!

세종쉐마 공동체를 시작한지 2달이 되었습니다. 특별한 계획없이 흐름속에서 시작을 하였지만 하나님의 인도하심은 참으로 놀라웠습니다. 그리고 우리 공동체는 그 안에서 하나님으로 인하여 큰 기쁨을 경험하였습니다.

직장 다니며 신선한 채소를 좋아하는 자매들을 위해 열심히 돗나물을 뜯어 선물하며 교제했습니다. 또 영적인 공격을 받는 한 자매를 위해 새벽 하나님 앞에 무릎 꿇었습니다. 어른들의 잘못으로 인해 상처받은 1학년 어린이를 돕기 위해 학교 운동장을 열심히 뛰어다녔습니다.(헥헥헥~.) 또 세종으로 이사온 분을 모시고 하루종일 버스를 타고 세종시를 돌아 다니며 지리를 익힐 수 있도록 도움을 주었습니다.

이런 일들을 하면서 가끔은 이런 생각도 들었습니다. '내가 지금 무슨 짓을 하고 있는지, 이 시간에 성경 한 구절이라도 더 봐야 하는건 아닌지.' 그런데 되돌아보니 참 신기하게도 성도들 한 사람 한 사람을 일주일 단위로 돌아가면서 돕는 일들이 계속 일어나고 있는 것을 발견할 수 있었습니다. 그리고 그 시간 속에서 그들이 힘을 얻고 기쁨을 만끽하는 것을 볼 수 있었습니다.

"아하~ 이것도 목회의 한 모습이구나!" 이것이 바로 부모가 자녀의 필요함을 채워주듯이 성도들의 필요함을 돕는 것이 목회자의 일이구나 라는 깨달음을 얻었습니다. 처음 세종쉐마 공동체를 시작하면서 찾아가는 목회서비스에 대해서 이야기를 했었습니다. 이 공동체의 모임에 꼭 데리고 오기 보다는 내가 그들이 있는 곳에 찾아가서 그들의 필요함을 채워주는 목회자가 되고 싶다고, 그래서 이곳 저곳에서 우리 공동체에 속한 목장이 만들어 질 수 있도록….

나는 나름대로 멋진 모양새로 그림을 그리며 이야기를 하였었는데, 이런 평범한 일들이 바로 하나님이 생각하시는 목회의 모습이었나 봅니다.^^ 역시 뱁새가 황새를 따라 갈 수가 없었습니다. 나의 이런 모습을 보고 성도님들은 변질되지 말라고 이야기합니다. (속으로…) 아니 이 냥반들이 아주 나를 부려먹을려구 작정을 하셨군….

비록 헥헥 거리고 지칠지라도 내 안에 기쁨이 있어서 좋고, 우리 성도님들의 가려운 곳을 박박 긁어주니 성도님들도 좋아합니다. 그래서 우리 공동체가 행복이 넘칩니다. 무엇보다 우리 공동체를 바라보시는 하나님의 기분이 참 좋을 것 같습니다. 그래서 또 기분이 좋아집니다.

기분 좋은 날

　20년전에 학생과 교사로 만났지만 이제는 친구가 되어 삶을 나누는 흐뭇한 시간을 갖고 스승의 날이라고 예쁜 쿠키도 선물로 받았습니다.

　집으로 돌아오는 길….

　밤 10시에 서울에서 대전을 향해 중부고속도로를 달리며 바람좀 쐴겸 창문을 내리니 내 코를 찌르는 아카시아 향기~~.

　으~~ 죽이네~~.

　커다란 트럭 뒤를 시속80Km로 따라가며 창문을 내리고 코를 벌렁대며 아카시아 향기에 점점 취해가는 내 모습!!! ^^

　"흠~흠~ 너무 좋아."

　"으~으~ 춥다 추워~."

　"음~음~ 추위도 너무 너무 좋아."

캄캄한 밤 아카시가가 더욱 그 향기를 찐하게 날려 그 향기 속으로 나를 푹~~ 빠뜨려 버립니다.

빛이신 하나님 앞에서는 부족하고 연약한 존재이지만, 나도 이 어두운 세상 속에서 그리스도의 향기를 팍팍 찐하게 날려 이 세상이 그리스도의 향기 속에 푹~~ 빠져버렸으면 참 좋겠습니다. ^^

성탄절을 보내며….

예수님이 오신 날….

세상은 기뻐하며 예수님의 낮아짐에 대해서 이야기 합니다. 인간을 사랑하셔서 이 땅에 오신 예수님의 낮아짐처럼 믿는 자들도 낮아져야 한다고 이야기 합니다. 문득 낮아진다는 것이 뭘까? 라는 생각이 들었습니다. 이 단어가 나올 때 마다 믿는 자들은 민망해 합니다. 나 자신을 보기에 항상 부족함이 보이기에 그렇겠지요. 얼마나 어떻게 낮아져야 할까요? 예수님처럼? 그렇다면 전 죽었다 깨어나도 낮아지지 못할 것 같습니다.

장애인 활동보조 강의를 들을 때 많은 장애인분들이 동일하게 하는 말은 자신의 이야기에 귀를 기울이고 기다려달라는 것이었습니다.

어느 날 장애인 한 분이 휠체어를 타고 지하철역에 갔습니다. 그때 한 친절한 비장애인 분께서 "제가 도와드릴께요" 하면서 휠체어를 밀어 지하철 문 앞까지 바래다 주고 가셨답니다. 그 순간 그 장애인 분은 참으로 난감해졌습니다. 자신이 탈 자리는 맨 앞칸이었는데…. 그 친절한 분은 맨 뒷 칸에 휠체어를 밀어놓고 가버렸습니다. 장애인분이 그 분을 향해 계속 엄청난 의사표시를 하였지만 그 친절한 분은 발음도 어눌한 장애인분의 말을 듣지 않고 자신의 생각대로 자신의 시간을 투자해서 친절을 베풀었습니다.

낮아짐….
예수님께서는 사람들을 구원하시기 위해서 사람으로 오셨습니다. 이것이 바로 눈높이 사랑이 아닌가 라는 생각을 해 보았습니다.

내가 아닌 상대의 눈 높이에 맞추어서 생각하는 것
내가 아닌 상대의 눈 높이에 맞추어서 이야기하는 것

내가 아닌 상대의 눈 높이에 맞추어서 도와주는 것
이것이 낮아짐이라면 나도 할 수 있을 것 같습니다.
나보다 아래에 있다면 내 무릎을 구부리고
내 발밑에 있다면 나도 바닥에 바짝 엎드리고
나보다 위에 있다면 뒤꿈치를 들어 까치발을 하고
그보다 더 위에 있다면 튼튼한 상자위에 올라서서
이렇게 눈높이를 맞출 수 있을 것 같습니다.

나를 구원하시기 위해 내 눈높이를 맞추어주신 예수님의 사랑, 나도 이제 그 눈높이 사랑을 실천할 수 있을 것 같습니다. 때로는 실수도 하고 실패할때도 있겠지만, 그래도 열심히 열심히 실천하다보면 나도 예수님을 조금씩 조금씩 닮아갈것 같습니다.

사랑을 배웠습니다.

올 한 해 저는 사랑을 배웠습니다.

대학원 과목을 이수하기 위해 10개월 동안 목회실습을 나갔습니다. 성도님이 40명 정도 되는데 그중에 30명 이상이 60대 이상입니다. 오랜 시간들을 정해진 듯한 흐름을 따라가는 어르신들을 향해 제가 할 일은 딱히 없었습니다. 그저 열심히 인사를 하고 설것이 하는 게 전부였습니다.

2개월쯤 되었을때부터 교회에 가면 제 옆에 자그마한 검은 봉투가 하나씩 놓여 있었습니다. 그 안에는 상추, 쪽파, 부추, 아욱, 고구마 등이 들어있었습니다. 모두 다 성도님들이 텃밭에서 키운 것들을 담아 오신 것입니다. 크게 부담되는 것들이 아니었기에 그냥 아무 생각없이 넙죽넙죽 잘 받아 감사한 마음으로 맛있게 먹었습니다.

6개월쯤 되는 어느 날이었습니다. 예배 시작 전에 제가 조금 부산하게 움직인 탓에 조금 더위를 느끼며 손바닥으로 부채질을 하고 있었습니다. 그런데 집사님 한 분이 갑자가 자리에서 일어나시더니 구석에다 치워둔 커다란 선풍기를 제가 앉아 있는 뒤쪽까지 끌고와 틀어주시는 것이었습니다. 그 순간 저는 그대로 얼음이 되어버렸습니다. 제 머리에서는 "내가 뭐라고"라는 단어만이 생각났습니다. 도대체 내가 뭐라고 나보다 더 연세 드신 분이 저 무거운 선풍기를 끌고 와서 틀어주시는가? 내가 저 분들에게 딱히 한 행동도 없는데… 내가 뭐라고….

저의 머릿속에서는 지난 시간들이 떠오르기 시작했습니다. 인사를 하는 내 손을 한 분 한 분이 꼭 잡아 주신 것, 설거지 하는 나의 앞치마를 강제로 풀며 나를 끌어 내시는 것, 조그만 까만 봉투를 내 옆에 살짝 살짝 놓고 가시는 것, 우리 전도사님 우리 전도사님 하면서 두 손을 꼭 잡아 주시던 것, 이가 아파 밥을 못 먹고 있는 나에게 "어휴 우리 전도사님 밥을 못 먹어 어떡하냐"고 하시는 말씀들. 말씀 전하는 모습이 귀엽다고 두 손을 꼭 잡아 주시며 "감사합니다, 감사합니다" 하시는 모습들, 실습전도사 왔다며 식당으로 데려가 찜닭 사주시는 목사님, 사모님….

이 조그만 사랑 덩어리들이 사정없이 저의 가슴으로 파고들었습니다. 순간 저의 눈에서는 눈물이 흘러내렸고, 제 가슴은 숨쉬기 힘들 정도로 벅차올랐습니다. 이 모든 사랑들이 뭉쳐져서 커다란 하나님의 사랑으로 다가왔습니다. 마치 지나간 힘든 시간들을 보상해주시는 듯한 하나님의 사랑으로 느껴졌습니다. 내 마음 속에 있던 상처들이 씻어지며 치유되고 있었습니다. 그 순간 저의 눈에, 저의 마음에 성도님 한 분 한 분이 그렇게 귀하고 아름답게 보이기 시작했습니다.

예배를 마친 후 저는 성도님들 한 분 한 분을 힘껏 껴안으며 그 사랑에 대한 감사를 온 마음을 다해 표현했습니다. 그리고 설교를 통해 성도님들이 저에게 주신 그 사랑을 이야기하며 그 사랑이 저의 상처를 치유해 주었고 또 저에게 새로운 힘을 주었다고 간증했습니다. 비록 성도님들이 늙어서 힘이 없고 세상적으로 볼 때 아무 것도 할 수 없는 것처럼 보이지만, 하나님의 사랑을 실천하시는 큰 힘을 지니고 계신다고 격려해 드렸습니다.

이런 나눔의 시간은 공동체 안에서 하나님의 사랑이 증폭되고 있었습니다. 저 뿐만 아니라 성도님들의 마음속에서도 하나님의 사랑이 기쁨으로 승화되었습니다. 성도간의 만남이 축복이고 기쁨이었고 행복이었습니다. 그 기쁨과 행복은 주일뿐만 아니라 일주일의 내 삶을 풍성하게 하였습니다. 나의 마음을 너그럽게 만들었고 온순하게 만들었으며 내 안에 평화가 깃들었습니다.

목회실습을 마치는 날 제 손을 꼭 잡고 놓아주지 않으시며 꼭 다시 와야 한다고 다짐을 받으시고 아쉬워 하시는 성도님들을 보면서 이것이 바로 공동체의 교제 가운데 주시는 하나님의 축복이라는 생각이 들었습니다. 마음과 마음을 주고 받는 성도간의 교제는 하나님의 사랑을 경험케하고 그 사랑은 우리의 마음을 다독여주고 상처를 치유해주고 새 힘을 불어 넣어줍니다. 그리고 하나님을 믿지 않는 자들을 향해 복된소식을 전할 수 있는 용기와 에너지를 충전시켜 주므로써 우리의 삶이 더욱 풍성해질 수 있다는 생각이 들었습니다.

음.. 멋지당

모처럼 솜씨를 발휘해 요리를 좀 했습니다.
맛있게 먹는 것 까지는 좋았는데 …
싱크대에 서로 엉켜 수북히 쌓여있는 그릇들 …
냄비, 밥솥, 후라이팬, 도마, 접시들 …
국그릇, 밥그릇, 숟가락, 젓가락, 국자 …
에휴~~ 어디에서부터 손을 대야 할지 …
퐁퐁으로 싹싹 문질러 이물질을 제거한 후
흐르는 물에 뽀송뽀송하게 닦아
받침대에 엎어놓았습니다.
물기를 뺀 후 각자 제자리에 정리를 해놓고
흐뭇한 미소를 날려봅니다.
음~~~ 좋았어.

수북히 쌓여있는 그릇들을 보면서
마치 우리의 모습과 같다는 생각이 들었습니다.
죄란 이물질이 더덕더덕 묻어있고
무질서와 혼돈속에 엉켜있는 모습들…
정체성이 사라지고 무엇을 어찌해야 할지 막막하고…
이때, 나 스스로 해결할 수 없음을 아신 하나님
아들의 생명을 십자가에 놓으므로
그 피로 우리의 죄악들을 **빡빡** 문질러 제거하신 후
성령으로 깨끗이 씻어내
하나님의 자녀로 **뽀송뽀송**하게 만들어 주셨습니다.

하나님은 우리를 각자 그 모양대로 배치해 놓으셨습니다.
이제 우리는 하나님이 정해주신 그 자리에서
생명을 주신 그 은혜를 기억하며 그 사랑을 실천하며
내 이웃들과 더불어 기쁘고 행복하게 살면 됩니다.
하나님께서 귀한 손님들을 초대하실 때
가장 귀하고 값진 우리들을 택하셔서

멋진 잔치상을 차리시고
많은 이들에게 기쁨과 행복을 선사하실 것입니다.
음~~~~~~ 너무 멋지당….^^

3개월째 고비를 뛰어넘어..

우리가 인생에는 굴곡이 있습니다. 좋을 때가 있고 안 좋을 때가 있고, 신날 때가 있고 화날 때도 있고, 일이 잘 풀릴 때도 있고 완전히 꼬일 때도 있고, 이 흐름 속에서 369는 우리로 하여금 고비를 경험케 하는 숫자이기도 합니다. 새로운 공동체 모임을 시작해서 지금 고비의 숫자인 3개월째 시간을 보내고 있습니다. 처음 멋모르고 용감하게 시작은 했지만 많은 영역에서 서서히 부딪히고 추수려야 하는 시간들이 되었고, 미처 생각하지 못했던 일들이 내 옆에 놓여지기 시작했습니다.

'아이고 설교 시간이 왜이리 빨리 돌아오는겨.' '하~. 주보 만들어야지.' '옴마야 연말 정산!!! 개인적으로 얼마를 헌금했는지 안 적어 놓았네.' '으~~예배 드린 것들 정리 안 했당.' '으아~~ 성찬식!!! **빵** 안 사왔네.' '이런 등록카드도 만들어야 하고.' '뭐가 이렇게 할것이 많노.' '아이고 힘들다. 전도사님 한 분 모셔와야겠네~~.' 요즘 내 입을 박차고 나오는 말들입니다. 그리고 부랴부랴 정리하고, 확인하고, 에구 에구 교회 행정에 서툴러 헤메는 내 모습….^^;

이렇게 정신없는 내 모습과는 상관없이 하나님은 우리 공동체에게 풍성함을 채워주셨습니다. 그것도 우리가 생각했던 것보다 세배정도 많이…. 성도도, 물질도, 이런저런 진행되는 일들도, 우리에게 하나님을 믿는 기쁨과 행복을 깨닫게 하셨고, 하나님이 일하시는 것을 경험하게 하셨고, 우리로 하여금 누림의 평안함으로 우리 마음도 조금은 말랑말랑하게 하셨습니다.

하나님이 너무 잘 해주시니 내 안에서 살짝 욕심이 고개를 쳐들었습니다. 예배를 드리는 장소가 아파트이다 보니 자유롭지가 못하고 항상 조심조심 해야합니다. 찬송도 큰소리로 부르지 못하고, 1학년 어린이도 조심시켜야 하고, 사소하게 신경쓰이는 것들이 있고 벌써 좀 좁다는 생각이 들었습니다. 그래서 상가로 장소를 옮겼으면 좋겠다는 생각이 들었습니다. 기왕이면 월세를 내는 상가 말고 그냥 우리 것으로 주시면 좋겠다고까지 생각하게 되었습니다. 이런 생각을 하니 절묘하게 그 타이밍에 맞춰서 주위 환경들이 나를 중심적으로 어떤 상황들이 벌어지기 시작했고 마치 그 일들이 나에게 일어나는 것처럼 그림으로 그려지기 시작했습니다. 와~~ 그것은 진짜 환상적인 유혹이었습니다.

사도행전 16:25-35. 바울과 실라가 찬양을 하니 갑자기 큰 지진이 나서 옥터가 움직이고 문이 다 열리며 모든 사람의 매인 것이 다 벗어졌습니다. 이 상황 속에서 자결을 하려던 간수는 바울과 실라가 아직 감옥에 있는 것을 보고 질문을 합니다. "내가 어떻게 하여야 구원을 받을까요?" "주 예수를 믿어라 그러면 구원을 받으리라." 바울과 실라는 간수의 온 집안에 하나님의 말씀을 전하였고 그와 온 집안이 하나님을 믿음으로 크게 기뻐하였습니다.

　말씀을 묵상하면서 지금 오버하고 앞서가는 내 모습이 보였습니다. 한 사람에게 복음이 전해지고 하나님을 믿음으로 기뻐하는 마음보다는 큰 지진이 나서 옥터가 움직이고 문이 다 열리는 기적을 더 생각하는 모습이었습니다. 그리고 내가 처음 사명받고 소년소녀 가장 아이들과 같이 살게되었을 때 주님께 고백하며 했던 찬양이 떠올랐습니다. 조용히 이 찬양을 부르며 사람을 생각하고 말씀을 전하며 그 말씀으로 기뻐하는 목회를 잊지말자고 기도해봅니다.

　주님 말씀하시면 내가 나아가리다. 주님 뜻이 아니면 내가 멈춰 서리다. 나의 가고 서는 것 주님 뜻에 있으니. 오 주님 나를 이끄소서. 뜻하신 그곳에 나 있기 원합니다. 이끄시는 대로 순종하며 가리니 연약한 내 영혼 통하여 일하소서. 오 주님 나를 이끄소서.

화장을 지우다 문득….

저도 젊은 시절에는 화장을 열심히 하였었습니다. 그러나 남편의 오랜 병원생활은 화장이라는 것이 저에게 거추장스러운 것이 되고 말았습니다. 병 간호를 위해 최대한 간편한 것들을 추구하다 보니 펑퍼짐한 면티에 가벼운 반바지, 운동화, 슬리퍼, 그리고 민낯, 이런 생활을 10년을 넘게 하다보니 어느새 편한 것들은 모두 나의 생활 습관이 되고 말았습니다. 어떤 상황이 주어져도 그런 내 모습에 거리낌이 없었습니다.

그러다 대학교에 가고 상담을 다니고 대외적으로 활동을 하다 보니 내 모습에 변화가 필요하다는 것을 자각하기 시작했습니다. 그래서 정리를 하기 시작했습니다. 편안함을 추구했던 옷들을 과감히 버리고 시장에서 5천원 짜리 옷 사지 말고 우리 레벨을 좀 올리자고 언니와 약속도 하였습니다. 화장도 해보려고 시도도 했습니다. 그러나 작심삼일입니다. 오랜 시간 내 몸에 배어버린 편안함은 쉽게 사라지지 않았습니다.

졸업을 하면서 이제 나를 좀 긴장시켜야겠다는 마음으로 파마도 하고 화장품도 구입을 했습니다. 아침에 시간도 투자해야 하고 화장한 내 얼굴이 두꺼워진 것처럼 어색했지만, '이 고비를 넘겨야 하느니라' 중얼중얼 입으로 나 자신에게 주문을 걸면서 화장한 모습이 자연스러워질수 있도록 연습하는 마음으로 열심히 열심히 화장을 하였습니다.

화장을 하니 적잖은 시간을 거울 앞에서 씨름을 해야 합니다. 화장을 하지 않을 때는 비누로 한번 쓱싹 씻기만 하면 되는데, 화장을 하니 지우는 것도 만만치 않습니다. 화장을 할 때보다 지울 때 더 정성을 들여 2~3번을 씻어야 합니다. 오랜 시간 동안 민낯으로 편하게 살았기에 화장을 시작하고 나서부터 귀찮기가 이만 저만이 아닙니다.

화장을 지우다 문득 이런 생각이 들었습니다. 화장을 하는 것과 신앙생활을 하는 것이 좀 비슷한 것 같다고…. 화장을 시작하려면 깨끗하게 씻은 민낯에서부터 시작해야 합니다. 그 위에 먼저 스킨, 로션, 영양크림등을 발라 먼저 내 피부를 촉촉하게 만듭니다. 저의 신앙도 예수님의 보혈로 깨끗이 씻겨진 모습에서 시작했습니다. 십자가의 은혜로 나를 구원하여 주시사 하나님의 은혜로 자녀 삼아 주셨습니다.

촉촉한 피부에 화운데이션, BB크림 등 색조 화장을 하기 위해 바탕을 잘 다듬은 후 아이새도우, 아이라인, 루즈등으로 이쁘게 그림을 그립니다. 그럼 눈은 더욱 선명하고 또렷하고 입술은 더욱 붉게 만들어 전체적으로 조화롭게 해줍니다. 하나님의 자녀가 된 저는 예배를 드리며 말씀을 듣고, 읽고, 묵상하고 기도와 찬양을 하며 하나님을 더욱 경험하면서 내 삶에 하나님의 자녀로 그림을 그려갑니다.

화장으로 예쁘게 완성된 나의 모습은 이제 밖으로 나가 사람들을 만납니다. 이뻐진 내 모습을 보고 제일 기뻐하는 사람은 나의 남편이었습니다. 하나님의 자녀로서 하나님께 예배드리며 하나님을 경험하는 나의 삶은 공동체의 지체들을 향하여, 이 세상에 믿지 않는 자들을 향해 나아갑니다 성도들과의 교제와 이웃을 향한 봉사의 마음과 나의 행동에 내 가까이에 있는 지체들이 기뻐하고 또 믿지 않는 자들이 기뻐합니다.

이렇게 하루를 보내고 거울을 보니 아침에 그 이뻤던 얼굴 위로 먼지가 내려앉아 있고 입술도 지워졌고 얼굴이 둔탁해져 버렸습니다. 하나님의 말씀 속에서 그 은혜를 경험하며 이웃과 사랑을 나누고 기쁨으로 생활하지만, 어느 순간 말씀 앞에 나 자신을 비춰보니 나의 신앙 위에 나의 자랑, 나의 자만, 신앙인이라는 우월감등의 이물질들이 내려앉아 교만해진 내 모습이 자리잡고 있는 것을 발견하게 됩니다.

화장은 하는 것보다 지우는게 더 중요합니다. 화장을 잘 지우지 않으면 피부에 악영향을 끼치기 때문일 것입니다. 그래서 클렌징으로 박박 문질러 미온수로 씻어낸 다음 또 비누로 한번 씻고 때로는 팩도 해 줍니다. 저의 신앙생활도 그런 것 같습니다. 내가 아무리 하나님을 믿은지 오래되었고 또 신학교를 졸업했고, 피해상담사로 일을 하고 장애인을 돌보는 일을 할지라도 하나님의 말씀 앞에 민낯을 드러내지 않는 다면 저의 삶 위로 내려앉는 이물질들로 인하여 내 신앙이 병들고 나도 바리새인처럼 회칠한 무덤같은 악한 자라는 주님의 책망을 피해가지는 못할 것 같습니다.

그래서 저는 기도합니다. 내 삶 속에서 내가 십자가 앞에 민낯으로 서는 일을 게으르지 않게 하기를…. 예수님의 보혈로 나를 깨끗이 하여 빛 되신 예수님의 그 빛이 나의 삶에 더욱 빛나기를…. 진리되신 예수님의 진리가 더 선명해 지기를…. 길 되신 예수님의 그 길이 더 밝게 보이기를….

공동체를 향한 사랑 표현법

지난 삶을 돌아보면 저는 참 많은 사랑을 받은 자입니다. 부모님으로부터, 형제들로부터, 또 교회공동체로부터, 그리고 하나님으로부터…. 순간순간 힘든 시간들이 있었던 만큼 제 옆에는 저를 아낌없이 사랑을 부어주시는 분들이 항상 함께 했습니다. 그래서 저는 사랑의 빚진 자입니다.

그런데 저는 사랑을 잘 표현하지 못하는 사람입니다. 무뚝뚝하고 내 속 마음을 드러내지 않고 다른 사람하고의 접촉을 싫어하고…. 이런 제가 오랜 시간동안 사랑을 차곡차곡 받다보니 이제는 조금 부드러운 사람이 되어 있고, 때로는 사랑한다는 말도 하고 때로는 반가움에 포옹을 하며 사랑을 표현하는 사람이 되었습니다.

저는 엄마의 뱃 속에서부터 교회를 다녔습니다. 자라면서 저의 활동무대는 교회였기에 주위 사람들로부터 믿음 좋다는 말을 많이 들었습니다. 그러나 제가 27살 되던해에 큰 어려움을 겪으면서 처음으로 인격체이신 하나님을 경험하게 되었고 십자가 앞에서 제가 죄인됨을 고백할 수 있었으며 그리스도인으로서 정체성을 정립할 수 있었습니다.

저는 대전에서 교회를 개척하게 된 오빠의 집에서 3년을 같이 살면서 오빠에게서 제자훈련을 받았습니다. 그때 오빠의 삶에서 하나님을 경험하는 삶의 자세를 배웠고, 성경공부를 통해서 하나님의 존재에 대해서 다시 정리하는 시간을 가질 수 있었고, 공동체의 교제를 통해서 나눔의 기쁨과 행복을 배웠습니다. 결혼생활은 저의 인생에서 벼랑 끝에 서 있는 위기였지만, 오빠의 집에서 받은 제자훈련이 바탕이 되어 이겨낼 수 있었고 하나님과 더욱 친밀한 관계를 형성할 수 있는 계기가 되었습니다.

인생의 여정을 돌아보니 참 많은 일이 있었습니다. 기쁠 때도 있었지만 고통 속에서 몸부림칠 때도 있었고, 하나님의 사랑을 경험하며 마치 내가 주인공인냥 뻐기던 때도 있었습니다. 겸손할 때도 있었지만, 목에 기부스를 빳빳이 했던 때도 있었습니다. 남을 도울 때도 있었지만 도움을 받을 때도 있었습니다. 남을 칭찬할 때도 있었지만 남을 비웃으며 비난한 때도 있었습니다. 어른스럽게 행동한 때도 있었지만 마냥 철없는 아이처럼 행동한 때도 있었습니다.

이렇게 인생의 시간을 보내면서 하나님의 사랑을 경험하고 깨닫게 되었습니다. 하나님의 사랑은 나를 향하여 있지만 더 중요한 것은 공동체를 향하여 있다는 것을 깨달았습니다. 한순간 한순간 단락 단락 일하심도 있지만 전체적인 질서와 그 흐름 속에서 하나님의 일하심이 있다는 것을 깨달았습니다.

그래서 예수님께서는 이 땅위에 교회를 세우셨나 봅니다. 그 공동체 안에서 하나님의 사랑을 경험하고, 그 사랑으로 상처가 치유되고, 기쁨이 있고 행복이 있어 그 사랑이 증폭되고,

이 세상에서 하나님의 자녀로 살아갈 수 있는 에너지를 공급해 주기 위해서 말입니다.

생각해 보았습니다. 이 공동체를 향한 나만의 사랑 표현법은 어떤 것이 좋을까? 그래서 글을 쓰기 시작했습니다. 나를 사랑하는 이들에게, 또 내가 사랑하는 이들에게, 내가 경험한 하나님의 사랑을 나누는 글을 쓰면서 그 사랑이 흘러갔으면 좋겠다는 마음으로….

나에게 하나님은…

나에게 하나님은 저 멀리 하늘나라에 계신 분이었습니다. 그래서 관습에 따라 예배도 잘드리고 착하게 살려고 노력은 하였지만, 제 마음에 들지 않으면 그 무엇이 되었든 간에 쳐다보지도 않는 냉정한 사람으로 살았습니다. 교회에서 활동하면서 재미는 있었지만, 하나님과의 관계성은 없었습니다.

그러다 십자가의 사랑을 깨달았을 때, 나에게 하나님은 나를 위해 생명을 내어놓으신 분, 죄인인 나를 구원하여 주신 너무나 감사한 분이었습니다. 또 나를 자녀 삼아주신 내 아버지셨습니다. 드디어 관계성이 형성되었습니다. 그래서 감격에 겨워 겁대가리 없이 내 목숨도 내어놓을 수 있다는 고백을 남발하였을 때 하나님은 저에게 참으로 연약한 한 사람을 붙이셨습니다.

하나님은 저를 벼랑 끝으로 몰고 간 참으로 냉정하고 무심한 분이었습니다. 공주로 살았던 제가 어느 순간 무수리로 전락해 버렸습니다. 한 사람을 섬기는 일이 얼마나 힘들고 어려운지 저는 벼랑 끝에 서서 처절하게 울 수밖에 없었습니다. 밤 12시면 예배당에 홀로 앉아 "나보고 어쩌라고요." "나보고 어쩌라고요." 하며 울부짖는 방법 외에 아무 것도 할 수 없었습니다.

"오늘 하루만 버티면 된다."라는 깡으로 오기로 하루 하루를 버티며 살았던 것 같습니다. 저는 웃음을 잃어버렸고, 기쁨을 잃어버렸습니다. 이때 나에게 하나님은 동아줄이었습니다. 그 동아줄을 붙들고, 그 동아줄에 소망을 두고 8년의 세월을 버텨냈습니다.

이제 해방되었다 하는 순간, 하나님은 부모님과 연락이 닿지 않는 청소년 5명을 제 앞에 데려다 놓고 저보고 책임지라고 하셨습니다. 이때 나에게 하나님은 참으로 어이없고 비상식적인 분이었습니다. 집도 없고, 돈도 한 푼 없고, 내 몸 하나 건사하기도 힘든 상황인데 아이들 5명을 챙기라니 이게 말이나 되는 소리입니까? 참으로 어이가 없었습니다.

그래서 하나님과 딜을 하였습니다. "방 2칸짜리 집을 주십시오. 그리고 단 만원도 남에게 꾸러가지 않을테니 알아서 하십시오"라고요. 그런데 하나님은 방 3칸짜리 집을 주셨고 먹을 양식과 우리의 쓸 것을 채워주셨습니다. 아이들 4명은 부모님과 연결이 되어 가정으로 돌아갔으며 아이 한 명만 저하고 8년을 살았고, 이제는 결혼을 하여 행복한 가정을 이루며 잘 살고 있습니다.

그리고 하나님은 장애인 한 분을 저에게 붙여주셨습니다. 그 분을 섬길 때 하나님은 그분을 통해 저를 보호하셨고, 저에게 주신 비젼을 이룰 수 있도록 전문가로 훈련시키셨습니다. 제가 공부할 수 있도록 여건을 허락하셨고, 많은 학비도 다 충당할 수 있도록 채워주셨습니다. 9년의 공부 끝에 드디어 졸업

을 하게 되었습니다. ^^

지난 세월을 돌아보니 항상 제 옆에는 저를 도와주는 분들이 계셨습니다. 저는 순간순간 마다 나 혼자라고 생각하며 살았는데, 하나님은 순간 순간 적절하게 제 옆에 사람을 붙여주셔서 제가 쓰러지지 않도록, 저에게 맡겨진 일들을 감당할 수 있도록 하셨습니다.

강렬한 태양 빛 앞에 티끌

예전에 문득 하나님께 이런 질문을 한 적이 있습니다. "하나님께 저의 존재는 무엇입니까?" 그때 저에게 깨닫게 해주신 것은 강렬하게 내리쬐는 태양 앞에 작은 티끌이었습니다. 저는 할 말을 잃어버렸습니다. 과연 태양 앞에서 티끌이 무엇을 할 수 있을까요? 그동안 나름대로 자부심을 가지고 하나님 일을 한다고 깝쭉댔던 것들이 부끄러워졌습니다.

티끌은 빛이 비추는 곳에서만 눈에 보입니다. 어둡고 구석진 곳에서 티끌들이 모이면 먼지가 되어 화재들도 일어나고, 알레르기를 일으키기도 하고 사람에게 아주 몹쓸 짓을 하는 것이 바로 티끌입니다. 내가 빛이신 하나님 앞에 있으면 내 존재가 드러나고 내가 무엇을 하는지 잘 볼 수 있지만, 내가 어둠속에 있으면 내 존재는 보이지도 않고 또 아주 몹쓸 짓을 할 수 있는 여지가 충분합니다. 지금 내가 무엇을 하느냐보다 내가 어디에 서 있느냐가 더 중요하다는 사실을 깨달았습니다.

사람에게 성격의 다양성이 존재하듯이 지나간 시간 속에서 저는 참 다양한 하나님을 경험하였습니다. 내가 하나님 앞에 부당한 요구를 할 때는 뒤돌아서 앉아있는 모습이었습니다. 그 하나님의 등은 참으로 차가운 벽이었습니다. 어떤 방법으로도 뚫리지 않을 것 같은 단단한…. 그래서 결국은 제 욕심을 내려놓고 하나님께 굴복하고 말았습니다.

제가 죄악에 노출되어서 벌벌 떨고 있을 때, 하나님은 큰 날개로 나를 감싸 보호해주시고 또 적들로부터 나를 숨겨주시고 건져주셨습니다. 한번은 하루 종일 저 자신을 향해서 이런 말을 중얼거렸습니다. "하나님은 너를 더 이상 도와주시지 않아. 정신차려." 그날 밤 요한복음 14장18절의 "내가 너희를 고아와 같이 버려두지 아니하고 너희에게로 오리라."라는 말씀으로 나의 마음을 한방에 사로잡아 버리셨습니다.

내 인생에서 가장 힘들었던 시간…. 모든게 무너지고 마음에는 분노와 상처만이 가득 안고서 한 발자국 디딜 힘도 없었던 시점에서 아무런 맥없이 중얼거리듯이 내 입에서 "예수님"이란 소리가 나갔을 때, 내 앞에 두 팔을 벌리신 예수님이 서 계셨습니다. 그 품에 안겨 대성통곡을 하는 저를 꼭 안으시고 제 등을 토닥거리며 "너의 마음, 너의 상처, 내가 다 안다."라고 말씀하셨습니다.

어떤 때 문득 저는 이런 생각이 들 때가 있습니다. 지금 하나님이 내 존재 자체만으로도 내가 사랑스러워서 어쩔줄 몰라 하시는 것 같다는 느낌…. ^^;; 마치 아장아장 걷는 아이를 바라보며 사랑스러워 온 몸이 오그라드는 것 같은 느낌…. 저의 착각일지도 모르지만, 그래도 그때는 기분이 너무나 좋고 행복합니다.

흘러가는 물처럼

저를 사랑하고 아끼는 분들이 저에게 했던 말 중 공통된 것은 "너는 왜 자꾸 힘든 길로만 가냐?"는 말이었습니다. 내 삶의 시간을 돌아보면 힘든 시간들이 많았기 때문에 이 말에 반박할 수는 없었습니다. 그러나 제가 일부러 선택한 길이 아니고 그때 그때 주어지는 환경에 따라 앞으로 나아가다 보니 힘든 시간들이 좀 많았던 것 같습니다.

그렇지만 그 과정에는 기쁨도 있었고, 행복도 있었고, 감사와 편안함도 있었으며 하나님을 더 깊은 경험할 수 있었고, 사람들을 사랑하고 이해할 수 있는 마음도 생겼고, 세상을 여유롭게 바라볼 수 있었으며 힘든 일들을 이겨낼 수 있는 내성도 생겼습니다. 그리고 무엇보다 중요한 것은 어느 순간부터 제가 가고 있는 이 길이 그렇게 힘든 길이라는 생각이 들지 않았습니다.

우리는 세상의 가치관을 가지고 이 세상에 살고 있기 때문에 눈에 보이는 현상을 보고 판단하게 됩니다. 그렇기 때문에 제가 살아가는 모습 그 자체만 가지고도 힘들거라고 단정짓고 이야기합니다. 그래서 저를 천사(?)라고 하는 사람도 있습니다. 하지만, 저는 천사가 아닙니다. 그냥 평범한 사람입니다. 그냥 서로가 어우러져서 살아간다는 관점으로 바라본다면, 그렇게 힘든 것이 아니라 그 안에 여유로움도 함께 있다고 말하고 싶습니다.

살아온 시간들을 돌아보면서 제가 경험한 하나님을 생각해 보았을 때 저의 삶이 마치 흐르는 물과 같다는 생각이 들었습니다. 산골짜기 계곡을 흐를 때는 맑고 깨끗하게 졸졸졸 흐르다가 바위들이 많은 곳을 지날때는 급하게 역동적으로 흐를 때도 있었고, 또 웅덩이에 고여 있다가 폭풍우가 지나가면 그

웅덩이를 벗어나기도 하고, 때로는 낭떠러지를 만나면 떨어져 폭포를 만들기도 하다가, 너무나 잔잔하고 평화롭게 흐르면서 강으로 바다로 흘러가는 그 물줄기 같았습니다.

그 안에는 나 혼자만의 삶이 있는게 아니라 항상 옆에 다양한 사람들과의 어우러짐이 있었습니다. 서로 돕고 도움받고, 서로 기분 나쁘게도 하고, 기쁘게도 하고, 서로 속이기도 하고 속기도 하면서 말입니다. 사람은 각자 나름대로 장점과 단점을 가지고 있습니다. 이런 다름과 다양성을 인정하고 서로 보완하고 서로 이해하고 서로 협력하여 살아간다면 눈에 보이는 힘듬을 충분히 이겨내고 그 안에 있는 참 기쁨과 행복을 발견할 수 있을 것입니다. 이것이 아마 하나님께서 우리에게 주신 공동체의 비밀일 것입니다.

흘러가는 물처럼 이제 저희 가정은 새로운 공동체 모임을 시작하려고 합니다. 이런 저를 향해 주위 사람들은 이야기 합니다. "그 힘든 개척을 왜 하려고 하냐고." 하지만, 저는 힘들다는 표현보다는 기대된다는 말로 저의 마음을 표현을 하고 싶습니다. 지금까지 인도하신 하나님께서 또 다른 모습으로 일하시는 것을 경험할 수 있을 것이라는….

첫 예배

셋이서 둘러 앉아서 찬양하고 말씀을 나누고 묵상하고 같이 밥을 먹고 일상 삶으로 파송의 노래를 부르며 예배시간을 마치는 것이 제가 세운 첫 예배의 모습이었습니다. 그렇기 때문에 딱히 준비할 것 없이 편안하게 있었는데, 첫 예배에 동참한다는 목장식구들의 말에 대청소도 하고 의자도 구입하고 떡국도 주문하고 간식도 사고 갑자기 분주해졌습니다. "아니 공식적으로 개척예배를 드리는 것도 아닌데 왜 온다는 거야…."라며 속으로 궁시렁 궁시렁 하면서….

주일 아침 목장식구들이 와서 같이 앉아 있으니 조금은 모양새가 좋았습니다. 찬양하고 말씀을 전하고 묵상하고 교제를 하는 과정에서 저의 마음에 기쁨이 솟아나기 시작했습니다. 처음 예배를 이끌어가는 내 모습은 긴장 속에서 정신없이 버벅대었지만, 그래도 항상 편안하게 교제하였던 목장 식구들이어서 웃으면서 예배를 인도할 수 있었습니다. 25평 아파트에 20명이 북적북적… 바글바글… 참으로 성대하게 첫 예배를 드렸습니다.

제가 개척을 한다고 하니 많은 사람들이 저보고 용기 있다고, 축하한다고 하면서 또 다른 한편으로 걱정이 된다고 말을 합니다. 그런데 정작 저란 사람은 용기있는 사람이 아닙니다. 이번 일도 제가 치밀하게 계획 세운 것도 아니고, 또 신학교를 나왔기 때문에 무작정 한 일도 아닙니다. 그냥 물이 흘러가듯이 흐름을 타도 보니 일이 이렇게 되었습니다. 그때그때 상황에 맞추어 오다보니 지금 이 자리에 서게 되었습니다. 참 제가 저를 봐도 딱히 이 상황에 대해 뭐라고 할 말이 없긴 합니다.

하나님은 항상 저보다 앞서 가십니다. 지금 벌어지는 이 상황이 저의 계획 속에서는 1년 후의 일이었습니다. 그런데 하나님은 1년을 앞당겨 판을 벌이셨습니다. 또 하나님은 항상 저보다 스케일이 크십니다. 저는 3명 조촐하게 조용히 시작하려고 했는데 목장식구들의 참석으로 20명이서 아주 성대한 첫 예배를 드리게 하셨습니다. ^^ 앞으로의 예배가 자꾸 기대가 됩니다. 또 어떻게 어떤 모양으로 인도하실지….

설령 돌아오는 주일에 다시 셋만 예배를 드릴지라도, 이번 첫 예배는 저의 마음에 여러 가지 변화를 가져다 주었습니다. 속으로 궁시렁 궁시렁 했던게 무안할 정도로 목장식구들의 참석은 저에게 큰 힘을 주었습니다. "이제 진짜로 내가 목회자의 길로 들어섰구나." "아! 진짜로 개척을 하긴 했구나."라는 생각도 들었습니다. 목장식구들을 통해서 하나님은 안일하게 있는 나의 생각을 자꾸 깨어나게 하시는구나 라는 생각도 들었습니다.

또 하나는 참으로 나의 주위에 소중하고 귀한 분들이 참 많다라는 생각도 들었습니다. 20년을 알고 지낸 벗도 첫 예배를 드린다는 말에 한 다름에 달려오고, 주일날 바쁜 일정을 다 뒤로 하고 동참하기 위해 달려온 목장식구들, 그리고 지난 주 새로운 공동체를 형성한다는 이야기에 저에게 다가와 손을 잡아주고 축하한다고 하면서 격려해주던 새누리2공동체, 정작 무덤덤한 저보다 기뻐하셨던 제 주위에 있는 많은 분들….

이 모든 분들이 하나님 안에서 한 몸으로 연결되어 있기에 가능한 일이라 생각합니다. 이 모습이 바로 공동체의 아름다운 어우러짐이니까요.

공동체 = 가족

　매년 이 맘 때가 되면 우리 형제들은 엄마를 추모하기 위하여 산소에 모입니다. 그러나 엄마의 추모는 뒷전이고 진짜 목표는 냉이를 캐는 것입니다. 산세가 아름다운 청정지역의 밭에는 그야말로 냉이가 널려있습니다. 마침 시기적으로 가장 맛있고 연한 냉이를 먹을 수 있는 절호의 찬스입니다.

　냉이를 캘 때면 항상 언니가 1등, 올케 언니가 2등, 저는 꼴지입니다. 저는 한 30분 지나면 몸이 뒤틀리기 시작하고, 1시간 정도가 지나면 한계에 도달합니다. 올해도 어김없이 우리들은 호미를 들고 밭으로 가서 쭈그리고 앉아 냉이를 캤습니다. 그런데 이변이 일어났습니다. 제가 1등을 하였습니다. 엄마는 봄이면 냉이와 쑥 등을 뜯어오고 가을에는 고구마순, 깻잎 등을 뜯어오곤 했습니다. 그런데 그 양이 우리 가족이 먹고도 남을 만큼의 많은 양이었습니다. 엄마는 큰 바구니에 수북히 담아있는 것을 다듬으라고 제 앞에 밀어놓곤 했습니다. 전 종알종알 짜증을 내면서도 그것들을 다듬었던 기억이 있습니다.

다른 때와는 다르게 땀을 삐직삐직 흘리며 냉이를 캐는 나에게 올케 언니가 말했습니다. "우리 아가씨가 왜 이렇게 열심히 냉이를 캘까?" 저는 웃으면서 무심코 "이제 먹일 가족들이 많이 늘어났어"라고 이야기 했습니다. 그리고 그 순간 엄마 생각이 났습니다. "아! 이것이 바로 부모의 마음이구나. 내 자식들에게 하나라도 더 먹이기 위해서 내가 힘들어도, 누가 뭐라고 해도 열심을 내고 욕심을 내는 것이 어버이의 마음이구나."

그리고 이어지는 깨달음은 "아! 이제 나는 어버이구나." "이 공동체가 이제 가족이 되었구나." "이제 내가 이들을 먹여 살리기 위해 열심을 내고 욕심을 내야 하는구나." 그 순간 같이 공동체를 형성하고 있는 형제자매의 얼굴이 떠오르면서 그들을 맛있게 요리해서 먹일 생각을 하며 하나라도 더 캐기 위해 씩씩거리면서 2시간 동안 냉이를 캤습니다. ^^

전 막내로 사랑을 받는 것은 익숙했지만, 리더가 된다는 것은 꽤 어색했습니다. 막상 새로운 공동체를 시작했지만, 무엇을 어떻게 할지 막막하여 그저 흐름에 맡기고 있었습니다. 놀랍게도 하나님은 나의 생각을 초월하는 그림을 펼쳐주셨고, 우리는 그저 하나님께서 일하신다는 말만 하고 있었습니다.

멍 때리고 있던 저에게 냉이라는 작은 식물을 통해서 어버이의 마음을 일깨워주셨습니다. 이제 목회자의 위치에서 나에게 속한 공동체의 식구들에게 하나님의 바른 말씀을 열심히 먹이고 온 힘을 다해 기도함으로, 우리 식구들이 이 세상에서 기쁘고 자유롭고 행복하게 살수 있도록 힘을 복돋아주며 내 식구들이 있는 곳에 찾아가 위로해주고 안아주고 이루만져 줌으로써 그들이 기쁨으로 이웃을 돌아볼 수 있는 여유를 가질 수 있도록 돕는 자의 역할에 충실하겠다고 다짐해봅니다.

거저 되어지는 일은 없습니다.

　얼마전 어떤 예배에 참석했다가 한 선교사님을 만났습니다. 우리는 서로를 보며 깜짝 놀랐습니다. 왜냐하면 그곳은 우리 둘에게 전혀 의외의 장소였기 때문입니다. 잠깐 서로의 근황을 물어보고 나서 예배를 드리는 동안 저의 마음 속에 우리 공동체에서 저 분에게 선교헌금을 했으면 좋겠다는 생각이 들었습니다. '그래 우리가 정식으로 개척예배를 드릴 때 저 선교사님을 추천해야겠다.' 저는 이렇게 마음 속으로만 결정을 하고 그 분과 헤어졌습니다.

　주일 날 예배를 마치면서 한 성도가 갑자기 손을 들더니 "저 건의사항이 있는데요."라고 하면서 안건을 내놓았습니다. "우리 한달 헌금의 십일조를 선교비로 쓰는거 어떻게 생각하세요?" 저는 진짜 그 순간 깜짝 놀랐습니다. 저는 공동체 식구들에게 제 마음 속에 있던 선교사님의 이야기를 했습니다. 만장일치로 그 선교사님께 십일조를 하자고 결정되었습니다. 우리 교회는 숫자가 적어서 항상 만장일치 입니당. ^^ 사실 우리 공동체가 처음 시작할 때 헌금에 대해서 개척예배때까지 아무것도 쓰지말고 그냥 모으기로 했었거든요.

공동체에서 결정한 사안을 가지고 저는 선교사님을 만나 우리의 의견을 전달했습니다. 그런데 그곳에서 저는 놀라운 이야기를 듣게 되었습니다. 선교사님은 그 시기에 자신이 선교사로 가는 것이 맞는지에 대해 많은 갈등 속에서 고민을 하고 있는 중이었다고 했습니다. 그래서 이런 기도를 드렸다고 했습니다. "하나님 진짜 내가 선교의 길을 가는 것이 예비하신 길이라면 나에게 그 누군가 한 사람을 통해 나의 길을 지지해주고 격려하게 해 주십시오. 그럼 제가 확신을 가지고 그 길로 계속 가겠습니다." 이 말을 하면서 눈물을 흘리며 하나님이 자신의 기도에 응답해 주셨다고 하셨습니다.

선교사님과 헤어지고 돌아오면서 저는 중얼거렸습니다. "하나님의 자녀들에게 거저 되어지는 일은 없다" 이 말은 언니가 자신의 인생을 되돌아보면서 저에게 한 소리였습니다. 지금 이 상황에 이 말이 가장 잘 어울린다는 생각이 들었습니다. 공동체를 통해 일을 시작하신 하나님께서 여러 사람의 마음을 하나로 모아 한 선교사님에게 힘과 격려가 되었다는 일에 감사를 드렸습니다.

우리는 인생을 살아가면서 많은 상황들을 겪으며 살아갑니다. 때로는 기쁘고 행복하기도 하지만 때로는 지치고 고통스러울 때도 많습니다. 이럴 때 우리가 흔히 "왜 나에게~." "왜 하나님은 나에게~." "왜 하필 나에게~."라는 말들을 참 많이 합니다. 그런데 조금 시간이 지나면 그 일이 오히려 덕이 될 때도 있고, 또 그 일로 인해 내가 더 강해지기도 하고 또 그 일로 인해 옆에 있는 사람을 돌아보게 되는 내 모습을 발견하게 됩니다.

오늘 나에게 주어진 이 하루가 하나님의 일하시는 큰 흐름 속에서 그냥 되어지지 않고 하나님의 자녀들이 서로 이어지고, 또 그 속에서 그 누군가는 힘을 주고 또 그 누군가는 힘을 얻고, 이렇게 살아가는 것이 바로 공동체의 모습이 아닌가 라는 생각을 해봅니다. 그래서 오늘 하루도 소중하게 감사와 기쁨 속에서 행복을 누리며 살아갈 수 있는 것 같습니다.

한 달이 일 년같은…

저희 공동체가 시작을 한지 한 달이 되었습니다. 그런데 모든 상황은 한 일 년이 된 것 같습니다. 저희들이 한 일은 별로 없습니다. 그저 그 자리에서 하나님 알기를 힘썼을 뿐이었습니다. 그런데 우리가 생각도 하지 못했던 일들이 진행되고 상황이 벌어져 우리에게 큰 기쁨을 선사해 주셨습니다. 정말로 하나님이 일하셨습니다.

처음 공동체를 형성하기로 마음 먹었을 때 우리들의 멤버는 3명이었습니다. 솔직히 이야기해서 이제 막 신학교를 졸업한 저를 보고 우리 공동체로 누가올까?라는 생각도 들었습니다. 설교를 썩 잘하는 것도 아니고 그렇다고 프로그램을 잘짜는 것도 아니고 또 명석한 것도 아니고 여러 방면으로 탁월한 것이 하나도 없는 그저 옆집 아주머니 같은 평퍼짐한 나를 과연 누가 리더자로 보고 따라줄까? 막말로 답이 없었습니다.

저는 목회를 할 생각이 별로 없었습니다. 상담학과를 졸업하고 상담대학원을 준비할 때 한 교수님께서 저에게 "돈을 벌고 싶으면 상담대학원을 가고 사람을 살리고 싶으면 신학대학원을 가라"고 하셨습니다. 그래서 신학대학원을 선택했지만, 제 마음 속에는 목회자보다는 목회상담자의 역할에 더 치중을 하고 공부를 하였습니다. 그런데 지금 저는 목회를 하고 있습니다. 참 인생이 내 생각대로 되는게 별로 없는 것 같습니다.

시간의 흐름 속에서 말씀에 순종하는 마음으로 공동체를 형성하기는 했지만, 진짜 제가 뭘 해야 할지 아무 것도 몰랐습니다. 멍하니 있는 저에게 주위에서는 "왜 이 힘든 선택을 하냐고." "같이 갈 사람은 있기는 한 거냐고." "재정은 어떻게 감당할 거냐…." 등등의 이야기를 했습니다. 그러나 저는 내가 뭘 이루려고 이 길을 가는게 아니라 내가 할 수 있는 만큼만 하고 욕심을 부리지 않는다면 괜찮다는 생각을 했습니다. 왜냐하면 내가 살아온 삶 속에서 저는 이것이 바로 하나님 앞에 내가 서는 방법이라고 배웠기 때문에 딱히 큰 부담감은 없었습니다.

현재 세종에서 예배드리는 고정 멤버는 7명(어른 5, 어린이 2)입니다. 예배의 흐름은 가정교회의 이점을 최대한으로 살려려 노력하고 있습니다. 신청곡을 받아 찬양하고(ㅎㅎ 찬양할 때 제가 음을 못 잡는다고 5학년 어린이가 자신이 피아노 연습을 열심히 하겠답니다.) 일주일 동안 삶 속에서 자신이 경험한 하나님의 이야기를 나누고, 감정카드를 놓고 삶에 대한 이야기도 나눕니다. 또 빙 둘러앉아 한 사람씩 모두가 축복의 기도를 해주는 시간을 갖기도 합니다.

한 달 동안 말씀의 초점은 하나님과 나와의 관계성에 대해 많은 이야기를 나누었습니다. 창조주 하나님으로부터 시작되고 예수님을 통해 생명을 선물로 받은 우리는 기뻐하고 기뻐하며 자유를 만끽하는 삶을 살아야 한다는 메시지를 통해 우리가 무엇에 억눌러 있는지를 점검하는 시간도 가졌습니다. 변화는 저의 가장 가까이 있는 형제님에게도 일어났습니다. 그 입에서 찬양이 끊이지 않고 몸은 힘든 상황인데도 마음은 참 편안해 보였습니다. 요즘은 갑자기 막 사랑한다는 표현을 날려서 제가 당황스럽습니다. ^^;;

그리고 제가 아가씨 적에 다녔던 직장의 동료 2명과 맞춤식 화요일 예배를 드리고 있습니다. 이 분들은 하나님을 전혀 모릅니다. 처음 찾아가 내가 교회개척을 한 것을 이야기하며 점심시간에 셋이서 정기적으로 만남을 가졌으면 좋겠다는 의사를 내비쳤을 때, 그 둘은 웃으며 "너 우리가 만만해서 포섭하러 왔구나" 하면서 흔쾌히 허락해 주었습니다. 그래서 화요일 점심시간에 만나 교제를 하며 내가 만난 하나님에 대해서 열심히 이야기 하고 있습니다. 감사하게도 그들이 이 시간을 너무나 좋아한다는 것입니다.

또 하나는 청년 3명이랑 같이 하나의 맞춤식 예배를 드리기 위해 기도하며 준비하고 있습니다. 현재 이 땅의 청년들이 이단에 너무나 많이 노출되어 있다는게 이들 부모님들의 이야기입니다. 이단들은 대학교에서 이미 자리를 잡고 수단 방법을 가리지 않고 젊은이들을 훈련시킵니다. 이런 환경 속에 있는 젊은 청년들이 잘못된 길로 현혹되지 않으려면 그 마음에서 본질에 대해서 확실히 정립이 되고 분명한 정체성을 가지고 하나님과의 관계를 형성하고 있어야만이 자신을 지킬 수 있기 때문에 더욱더 이 모임의 형성을 위해 기도하고 있습니다.

교회 이름은 "세종쉐마교회"로 정했습니다. 우리에게 생명을 선사하신 하나님의 음성을 잘 들어 그 원하시는 바대로 기쁨과 행복을 누리며 살자는 뜻에서, 또 공동체 가족들의 이야기를 잘 들어 서로를 이해하고 사랑하며 그리스도의 몸된 교회를 이루어 가자는 뜻에서, 또 하나님을 알지 못하는 사람들의 고통의 소리를 잘 들어 그들의 필요함을 도와주고 채워줌으로 그들이 우리를 통해 하나님의 사랑을 알아가고 경험할 수 있기를 바라는 마음을 담았습니다.

그가 정하신 질서 안에서….

 오랜만에 만난 오빠가 나의 운전하는 모습을 보더니 말했습니다. "너 무슨 운전을 그렇게 거칠게 하냐? 위험한 상황에서 규정 속도를 지켜야 방어도 할 수 있는 것이다. 정해진 규정 속도를 지키면서 운전해라." 이 말을 들으면서 저는 마음 속으로 "어? 나 운전 얌전히 하는 편인데…. 내 차를 타면 모두 편안하다고 하는데…." 하면서 "알았어."라고 입으로만 대답을 했습니다.

 집으로 돌아온 후 오빠의 말을 떠올리며 나 자신을 살펴보니 요즘 들어 거칠게 운전하는 저의 모습이 보였습니다. 저는 유성과 세종 사이를 하루 3-4번을 왔다 갔다 합니다. 어디쯤에 카메라가 있고, 어디쯤에서 차선을 바꾸어야 하고 또 어디쯤에서는 빨리 달려도 된다는 것이 제 머릿속에 박혔습니다. 이 길에 대해 익숙해지면서 다른 길에 가서도 규정속도보다 빠르게 달리는 것이 위험 요소라는 것을 망각한 버린 모습이었습니다.

그러다 보니 네비게이션에서 "띠띠띠" 소리도 자주 듣고, 저의 입에서는 "이런 젠장." "아이고, 아저씨 빨리 좀 갑시다."라는 말들이 거침없이 튀어 나오고, 급브레이크를 밟아 의자에 있는 짐들이 바닥으로 다 쏟아버릴 때도 있었습니다. 어느새 정규 속도는 너무 느리다는 생각과 함께 엑셀을 더 밟으면서 때때로 스릴도 느끼고 때로는 옆차와 경쟁도 하고… 이런 안 좋은 습관들을 아무렇지도 않게 행하고 있는 저의 모습이었습니다.

그래서 저는 반성을 하고 정규속도로 달리기 시작했습니다. 좀 느린 듯 했지만 일단은 편안했습니다. 예전에는 빨리 달리는 차들이 많이 눈에 띄었는데 정규속도를 지키며 달리는 차들도 눈에 들어왔고 꽤 많은 차들이 정규속도를 유지하며 달린다는 사실을 알게 되었습니다. 여유롭게 운전하니 cctv 있는 장소를 별로 신경쓰지 않게 되었고, 길 옆 언덕 위에 핀 아름다운 꽃들도 눈에 들어왔습니다. 자연스럽게 양보도 잘 하게 되니 급브레이크를 밟을 일도 없었습니다.

그러다가 문득 우리의 신앙의 모습도 이와 같다는 생각이 들었습니다. 처음 하나님을 믿고 신앙생활을 할때는 나에게 생명을 주신 그 하나님으로 인하여 기뻐하고 즐거워하며 살았는데 나의 신앙의 모습들이 반복되면서 어느 순간 익숙해지고 숙련된 신앙인이 되어 예배의식이 습관이 되어버리고 또 그리스도인이라는 잘못된 우월감을 속에서 우리끼리만의 무리를 지어 다른 이들에게 위협을 가하는 일들을 나 자신도 모르게 하고 있지는 않는지….

하나님께서는 우리에게 생명을 주셨고 하나님이 정하신 질서 안에서 내 이웃과 더불어 서로 존중하면서 자유롭게 기뻐하고 즐거워하며 행복하게 살기를 원하셨습니다. 그래서 인간에게 여러 가지 규칙들을 정해주셨습니다. 그러나 어리석은 인간은 그 질서를 주신 분의 마음을 헤아리기 보다는 스스로 그 질서들을 깨뜨리며 살아가는 것이 마치 정답 인냥 잘못된 우월감에 사로잡혀 있는 모습이기에 세상으로부터 손가락질을 받을 것입니다.

그 분이 정해준 질서 안에서 살아간다면 우리를 향한 그 분의 사랑의 모습을 보게 될것이고 또 우리에게 주신 이 생명이 얼마나 귀하고 좋은 것인지를 알게 될것이고, 또 나 뿐만 아니라 내 옆에 있는 이들의 생명 또한 귀하고 아름다움을 알게 될 것입니다. 그러면 저절로 편안함과 여유로움 속에서 감사와 기쁨이 넘쳐나고 공동체가 서로 어우러져 행복한 시간들을 보낼 수 있을 것입니다. 이렇게 살아갈 때에 우리 앞에 닥친 어려운 상황들을 거뜬히 이겨낼 수 있는 힘이 있어 이 악한 세상에 그리스도인으로서 빛과 소금의 역할을 잘 해 나갈 수 있을거라는 생각을 해 보았습니다.

그것은 기본이잖아

오랜만에 동기들을 만나 부활주일을 어떻게 보냈는지 이야기 하던 중에 제가 이렇게 말했습니다. "내 생애 처음으로 기쁘고 행복한 부활주일을 보낸 것 같다. 요즘 하나님께서 우리에게 주신 이 생명이 얼마나 귀하고 또 우리가 이 생명을 은혜로 받았음에 얼마나 기뻐해야 하는지 새삼 느끼고 있다. 생명을 주신 하나님을 생각할 때 절로 웃음이 나오고 기쁘니 내 삶 자체가 여유롭고 행복한 것 같다." 한 전도사님이 "그것은 기본이잖아."라고 말했습니다. "아 글쎄~ 내가 이제야 그 기본을 경험하고 있다니까."라고 답하면서 웃고 넘겼지만 별 생각 없이 주고 받은 이 대화는 많은 생각을 하게 만들었습니다.

저는 예배에 빠지면 천국에 가지 못하고, 십일조를 내지 않으면 도적질하는 것이라고, 성경을 읽지 않고 기도를 하지 않으면 게으르고 악한 종이라고 듣고 그렇게 믿으며 살았습니다. 그래서 주일이면 아침부터 저녁까지 열심히 뛰어다니며 봉사하였고 믿음 좋은 사람으로 칭찬을 받았습니다. 그러나 제 행동에는 짜증과 분노, 다툼이 있었고, 다른이를 향하여 비판과 정죄가 서슴없이 나갔습니다. 또 제 마음 중심에는 그리스도인의 우월감과 교만이 또아리를 틀고 앉아 있었습니다. 그 안에는 하나님의 존재는 없었던 것 같습니다.

예수님과의 관계를 경험하면서 나의 신앙생활의 모습이 얼마나 형편 없는지를 알게 되었습니다. 그래서 저는 하나님이 어떤 분이신가를 알아가는데 많은 시간을 투자하였고, 또 말씀에 초점을 맞추어 행동하려고 노력하였던 것 같습니다. 그 속에서 저는 하나님을 알아갔고 하나님을 경험하면서 나의 삶 속에서 그 분과 교제하는 법을 배웠습니다.

이제야 저는 하나님께서 우리에게 향하신 그 뜻이 무엇인지 조금 알 것도 같습니다. 창조주 하나님으로부터 우리가 시작되었고 예수 그리스도의 죽음으로 우리는 새 생명을 얻었습니다. 하나님께서 사람을 지으시고 심히 기뻐하셨던 것처럼 은혜로 얻은 이 생명은 충분히 기뻐해야 할 가치가 있습니다. 많은 그리스도인들이 역사 속에서 인간이 만들어 놓은 규칙과 규정 때문에 옭아매이고 눌려서 이 기쁨을 누리지 못하고 있는 것이 현재 우리들의 모습이 아닌가 라는 생각이 들었습니다.

"그것은 기본이잖아." 맞습니다. 이것이 기본입니다. 그러나 우리는 그 기본을 망각하고 살 때가 너무나 많습니다. 부활주일을 지내면서 세종쉐마교회는 이 기쁨을 주위 사람에게 흘려보내려고 노력했습니다. 계란을 한 20판 삶은 것 같습니다. 공동체 가족들의 삶의 터전, 가정, 직장 동료들에게 계란 바구니와 복음메시지를 전달하며 기쁨과 사랑을 나누었습니다. 또 이곳 아파트 주민들에게도 부활의 기쁨과 사랑을 나누었습니다. 이 과정에서 가장 기쁨을 만끽했던 것은 바로 우리 공동체 식구들이었던 것 같습니다.

창립예배 때 있었던 일

저랑 교제하던 한 자매가 있습니다. 사십세 후반의 미혼으로 섬유조직염이라는 희귀병을 앓고 있습니다. 이병은 모든 뼈와 관절이 염증으로 둘러쌓여서 살이 찢어지는 듯 아프고 뼈에 통증이 심각해서 온 몸의 관절이 모두 아프다보니 신체의 장기들도 함께 아프답니다. 병원에서 처방을 받아 비마약성 진통제와 치료제를 먹고는 있으나 몸이 지쳐가니 하루하루 호흡하고 사는 것이 매우 힘이 들고 자매가 먹는 약이 말기암 환자들이 먹는 진통제 다음으로 강한 것이라고 합니다.

창립예배를 드리기 일주일 전쯤 이 자매와 통화를 하던 중, 갑자기 숨쉬기 힘들 정도의 어떤 강한 힘이 저를 사로잡았습니다. 어떤 감격으로 한참을 말을 못하고 눈물이 쏟아지면서 가

나 혼인잔치에서 물이 변하여 포도주가 된 사건을 기억하게 하시고 창립예배 때 예수님의 손길이 그 자매의 고통을 해결할거라는 확신을 주셨습니다. 그래서 그 자매에게 그 일을 소망하며 기도하라고 말하였습니다.

창립예배를 드리는 중 제 마음에 감동이 왔습니다. 자매를 앞으로 불러 소개를 한 다음 이 시간 이 자매를 위해서 모두 한 마음으로 기도를 했으면 좋겠다고 말했습니다. 손을 얹고 기도하고 싶은 마음이 드시는 분들은 모두 앞으로 나와서 그 자매를 위해서 기도하자고 했습니다. 그리고 그곳에 모인 모든 분들이 한 마음으로 자매를 위해 기도했습니다.

그때 자매가 쓰러졌고 마침 자매 뒤에 서 있던 한 형제에 의해 조심스럽게 뉘여졌습니다. 나중에 이야기를 들으니 그 형제는 피아노를 치다가 갑자기 자신이 자매 뒤로 가야만 해야 할 것 같다는 생각이 들어서 벌떡 일어나서 가니 바로 자매가 쓰러졌다고 합니다. 아무튼 자매는 바닥에 누워있었고 예수님이 그 자매를 치료하고 있다는 느낌을 받았습니다.

예배를 마치고 밥을 맛있게 먹고 손님들이 돌아가고 나서 뒷정리를 하고 있을 때 그 자매는 일어났습니다. 그런데 말을 잘 하지 못하고 제 손바닥에 글을 썼습니다. '지금 제가 춤을 춰도 될까요?' 저는 흔쾌히 된다고 말하며 자매를 부축해 세웠습니다. 자매는 우리들에게 찬양을 불러달라고 했습니다. 그 주위에 있던 우리들이 찬양을 시작하니 자매는 춤을 추기 시작했습니다.

춤을 추는 자매의 모습이 얼마나 아름다운지···. 마치 한 마리의 백조가 대자연에서 자유를 만끽하며 춤을 추는 것 같았습니다. 우리는 모두 하던 일들을 멈추고 그 자매 주위로 모여들어 찬양을 하였습니다. 한 30분 정도 성령님의 강한 임재 가운데 취해 너무나도 멋진 시간을 보냈습니다. 나중에 자매에게 물어보니 자매는 전혀 춤을 출줄 모른다고 했습니다.

성령님께서 자매의 귓가에 "네가 통증으로부터 자유함을 얻으리라"는 음성을 들려주셨다고 합니다. 자매가 고백하기를 항상 혼자라고 생각했는데 창립예배 때 너무나 풍성한 사랑에 묻혀서 너무나 행복했고, 또 밤에는 통증도 없이 편안히 잠을 잤다고 합니다.

호흡이 있는 자마다 하나님을 찬양하라. 할렐루야.

하나님을 믿는 다는 것은

이 세상은 하나님의 창조로 이루어졌습니다. 말씀으로 빛, 어둠, 하늘, 땅, 식물, 동물을 만드시고 마지막 날에 인간을 만드시고 이 모든 것을 다스리며 하나님과 사랑의 교제를 하면서 행복하게 살라고 하셨습니다.

그러나 인간이 하나님을 거부하고 그 말씀에 불순종하여서 죄악이 이 세상을 장악하게 되었고 그 죄 때문에 인간은 하나님과의 관계가 끊어져 버렸습니다. 그리고 인간에게 고통과 괴로움이 찾아왔습니다.

구원의 길을 잃어버린 인간을 불쌍히 여기신 하나님께서는 스스로 낮아지셔서 인간에게 눈 높이를 맞추어 이 세상으로 오셨습니다. 그 분이 바로 예수님입니다. 죄가 없으신 예수님은 인간의 죄값을 대신하여 십자가에 못 박혀 죽으셨고 삼일만에 부활하셔서 죄인된 인간을 구원의 길로 인도해 주셨습니다.

"나는 길이요 진리요 생명이니"

요한복음14장6절

이 복된 소식을 들은 당신이 창조주 하나님을 믿고 자신이 죄인됨을 인정하고 예수 그리스도가 자신의 죄를 위해 죽으시고 부활하셨음을 마음으로 받아들이면, 당신은 하나님의 은혜로 구원을 이루시는 하나님의 자녀가 되었고 천국 백성이 됩니다. 이제 이 시간부터 천국 백성으로써 하나님과 교제권 안에서 행복을 누리며 사시면 됩니다.

이 모든 것을 깨닫게 하시는 분은 바로 당신을 도우시는 성령님이십니다. 당신이 성령님께 도움을 요청할 때에 당신 마음에 구원의 변화가 일어나는 것을 경험할 것입니다. 이런 경험을 한 사람들이 같은 공동체를 이루어 하나님께 감사하며 이웃과 사랑을 나눔으로 아름다운 복된 소식이 흘러가게 하는 것이 바로 교회입니다.

이것이 바로 하나님을 믿는다는 것입니다.

"주 예수를 믿으라 그리하면 너와 네 집이 구원을 받으리라" 사도행전 16:31

부활의 의미와 온전한 회복

부활은 바로 생명과 직접적인 연관성이 있습니다.

예수라고 하는 한 사람이 죽었다 살아난 이 사건이 오늘날까지 이슈가 되고 있습니다. 또 2000년이란 시간 속에서 예수란 이름을 사칭한 가짜들이 출현하여 사람들을 현혹하는 일들이 끊임없이 일어나는 것은 단순한 역사 속의 한 사건이라고 단정짓기는 너무 무책임한 일입니다.

기독교라는 한 종교를 믿고 믿지 않고를 떠나서 우리가 살아가는 이 세상은 우리의 조상들이 존재하고 또 우리의 후손들이 이어지며 이것은 생명이라는 이음줄이 있기에 가능하고 그 안에는 우리가 미처 깨닫지 못하고 이해하지 못하는 질서와 비밀들이 숨어있다는 것을 우리는 인정해야 할 것입니다.

하나님은 무에서 유로 이 세상을 창조하셨습니다. 인간을 중심으로 이 세상은 지어졌고, 그 인간은 영생하므로 하나님과 교제하며 살아가게 되어있었습니다. 그런데 하나님과 인간 사이에 이물질인 죄가 들어왔습니다. 철저히 죄와 구별된 하나님은 더 이상 인간과 사랑의 교제를 나눌 수가 없게 되었습니다. 죄에 물들은 인간에게는 죽음과 고통이 찾아왔습니다.

죄인이 죄인의 문제를 해결할 수 없기에 인간은 영원한 사망의 늪 속에 빠져 죽을 수 밖에 없는 운명이 되었습니다. 하나님은 자신의 피조물인 인간을 구원하기로 마음을 먹었습니다. 그러나 그 일을 행하기 위해서는 죄의 댓가를 치러야만 했습니다. 그래서 죄가 없으신 하나님의 독생자 예수가 이 땅에 인간으로 태어나 그 시대 최고의 형벌이었던 십자가에 달려 죽었습니다. 그리고 삼일만에 살아났습니다.

부활하신 예수는 자신을 믿는 자는 구원에 이르러 동일하게 부활을 경험할 것이라고 말합니다. 죄의 늪 속에서 빠져가는 인간이 예수란 동아줄을 믿음으로 붙잡을 때 죽음으로부터 벗어나 부활의 기쁨을 누리게 된다는 것입니다. 이 믿기지 않는 놀라운 일을 우리에게 깨달아 알수 있도록 돕는 분이 하나님의 영, 즉 보혜사 성령님입니다.

구원은 은혜로 주어지지만, 믿음은 내 개인의 자유의지에 의한 고백이 필요합니다. 이 두가지가 어우러질 때 우리는 온전히 하나님과의 교제권 안으로 들어가게 되어 창조의 원 목적인 하나님과의 교제권이 회복되는 것입니다.

> "나는 부활이요 생명이니 나를 믿는 사람은 죽어도 살고 살아서 나를 믿는 사람은 영원히 죽지 아니할 것이다."
>
> 요한복음 11:25-26

교회는

"고아"란 아무도 그를 도와줄 수 없는, 홀로 있는, 버려진 사람을 지칭하는 말입니다. 그 고아가 어느 날 한 가정으로 입양되어 가면 우리는 더 이상 그 사람을 고아라 부르지 않습니다. 왜냐하면 그 사람에게 가족이라는 이름으로 아버지, 어머니, 형제자매의 관계가 형성되었기 때문입니다.

우리들도 아버지이신 하나님과 단절되었을 때에는 죄악에 속한 고아였습니다. 그러나 예수님께서 자신의 생명을 십자가 위에 내어 놓으므로 인해 우리는 하나님과의 관계를 회복하여 이제 더 이상 고아의 신분이 아닙니다. "내가 너희를 세상에 고아와 같이 내버려두지 아니하고(요한복음 14장 18절)"라는 말을 이런 맥락에서 생각해 보았습니다. 그래서 하나님은 이 세상에

한 가족 공동체를 만드셨습니다. 그것이 바로 교회입니다. 교회는 그리스도가 머리이고 그 몸인 성도들로 이루어져 있습니다. 즉 교회는 성도들을 지칭하는 말입니다.

지금까지 우리는 교회 건물을 교회로 지칭하였습니다. 그러나 이제부터는 그 건물은 교회인 사람들이 모여서 예배를 드리는 장소이고 진짜 교회는 하나님을 믿는 사람들임을 인식해야 합니다. 건물은 움직이지 못하지만, 교회인 우리들은 살아 있기 때문에 움직이며 역동성이 있습니다. 그래서 교회안에서는 별의별 일이 다 일어나는 것이 당연한 것입니다. 그 안에서 좋은 일도 일어나고 좋지 않은 일도 일어나고, 잘 하는 사람도 있고 잘못하는 사람도 있습니다.

교회가 가족이라면 예배를 드리는 장소인 교회당은 집입니다. 집은 우리 가족이 머물고 쉼을 얻는 장소입니다. 서로 아웅다웅 하면서 사랑하고 사랑을 가르치고 사랑을 배우는 장소입니다. 그러나 집이 가족보다 중요하지는 않습니다. 집은 우리 가족이 보다 좋은 환경을 제공하고, 보다 편안한 쉼을 위해 필요한 것입니다. 교회도 마찬가지입니다. 교회를 이루는 사람이 중요하지 모여 예배를 드리는 장소인 교회당이 중요한 것은 아닙니다. 보다 교회가 효과적으로 사랑을 나누기 위해서 필요한 장소일 뿐입니다.

지금까지의 우리의 생각들이 잘못되었다면 이제 바꿉시다. 교회는 유기체적인 공동체라고 이야기 하는 저도 가끔씩 교회당을 교회로 착각할 때가 있습니다. 그러나 하루 하루 우리가 이것을 반복적으로 나 자신의 생각을 지각한다면. 우리의 생각은 올바르게 바로잡히고 진짜 교회와 하나님의 관계에 대해서 깨닫게 될 것입니다.

하나님과 교회의 관계

요한복음 14장에 하나님, 예수님, 성령님이 언급됩니다. 하나님은 창조주로서 주로 구약성서에서 주로 나타나시고 예수님은 신약성서, 특히 4복음서에 나타나시며 성령님은 신약성서 사도행전 이후에 나타나시는 분이십니다.

"우리에게 아버지(하나님)를 보여 주십시오"라고 말하는 빌립에게 예수님은 "나를 본 자는 아버지를 보았고, 내가 아버지 안에 아버지가 내 안에 계신다."라고 합니다. 이어서 "내가 아버지에게로 가고 너희를 고아와 같이 내버려 두지 않기 위해서 보혜사(성령)가 올 것이다."라는 말을 합니다.

이게 무슨 말일까요??? 아주 난해한 이야기 같지요? ^^ 이 말은 한마디로 이야기한다면 "연합"입니다. 하나님, 예수님, 성령님 이 세분은 서로 관계를 형성하고 있으며 하나로 연합되어 있다는 이야기입니다. 하늘에서 이 연합된 하나이신 분들은 이 땅위에 사는 사람들에게 내려오십니다. 그분이 바로 예수님입니다. 예수님은 이 세상에 오셔서 사람들을 위하여 자신의 목숨을 내어놓으셨습니다. 죄악에 속해 있는 사람들에게 새 생명을 주셨습니다. 그리고 사람과 관계성을 형성하시고 연합을 시도하셨습니다. 그리하여 "내가 곧 길이요 진리요 생명이니"라고 이야기하며 예수님을 믿는 자들은 세 분이 연합된 것처럼 우리도 그분들과 연합할 수 있음을 이야기합니다.

15장에 이어서 예수님은 포도나무와 가지의 예를 들어 예수님과 우리와의 연결관계에 대해서 설명하십니다. 포도나무에 가지가 붙어 있을 때 우리는 그것을 통틀어 포도나무라고 부릅니다. 그리고 그 가지에서 탐스럽고 맛있는 열매가 열립니다. 여기에서도 예수님은 이런 말씀을 언급하십니다. "내가 네 안에 거하고 너희가 내 안에 거하고" 예수님이 하나님과 연합

되었음을 이야기하는 것처럼 예수님이 우리와 연합되었음을 똑같이 이야기합니다.

그러나 사람들은 이런 것들을 잘 알지 못하고 깨닫지 못합니다. 그렇기에 우리가 깨닫고 알 수 있도록 우리를 도와주실 분이 필요했습니다. 그래서 예수님은 아버지의 곁으로 다시 돌아가지만, 그 대신 성령님이 우리에게 오셔서 우리가 영원한 생명을 얻는 길을 알도록 우리를 도와주신다고 하셨습니다.

다시 정리하자면 하나님, 예수님, 성령님 이 세분이 서로 관계를 가지고 연합하여 하나님 한 분으로 지칭되었습니다. 그리고 그 관계성의 영역을 이 땅에 있는 우리에게 까지 넓히셨습니다. 그 사건이 바로 예수님께서 우리 죄악을 위해 십자가에 죽으시고 부활하신 사건입니다. 그리고 이 땅에 보혜사를 보내주셔서 우리로 하여금 알게 하시고 깨닫게 하시므로 우리가 이웃들과의 관계를 확장해 나가 교회를 형성하셨습니다. 하나님을 믿는다는 것은 관계성을 형성하는 것입니다.